JN108680

自己肯定感が高い子に
幸せな人生がやってくる

「自分が好きな子」になる子育て

宮本覚道
龍泰寺52代目住職
あかつき幼稚園園長

現代書林

はじめに

私は岐阜県関市にある寺の住職であり、同時に幼稚園の園長でもあります。

そんな私が、最近は講演会の講師として招かれることが多くなってきました。

多いテーマは「子育て」、対象者は親御さんです。


講演のなかで、私は「皆さん、自分を好きですか?」と聞きます。

この問いを親御さんたちに投げかけると、「自分のことが好きではない」という方がほとんどなのです。

なぜ「自分のことが好き」と言えない人が多いのでしょうか?


若者たちが「自分自身に満足している」かどうかを答えた国別の調査結果があります。

「そう思う」「どちらかといえばそう思う」を合わせた結果は次となります。

アメリカ	86・9%
フランス	85・8%
ドイツ	81・8%
イギリス	80・0%
スウェーデン	74・1%
韓国	73・5%
日本	45・1%

※「我が国と諸外国の若者の意識に関する調査（平成30年度）」（対象は13～29歳の男女）

日本が極端に低いという残念な結果です。
自分に満足していない、つまり「自己肯定感」が低い若者が半数以上です。

講演で「自分のことが好きですか?」と投げかけたあと、必ず「私は自分のことが大好きなんです」と言います。

内心、気恥ずかしいと思わないわけではないのですが、正直に「自分が好き」だとお話ししています。親御さんたちにも、自分を好きになり、自分を認めることの素晴らしさを知ってほしいからです。


しかし、私は最初から「自分のことが大好き」で、「自己肯定感が高かった」わけではありません。

園児たちに、「夢を追うこと」「あきらめないで頑張り続けること」、そして「自分を信じる心」をどうしても伝えたくて、パワーリフティングにチャレンジしたことがきっかけになっています。

子どもたちには、自分を好きになることで、幸せの一歩を踏み出してほしい。私はそう望んでいます。

自分を好きになれなければ、本当の意味で「他者を信頼」し、「他者の役に立っている」と感じることもできないでしょう。そして、「他者を心から好きになる」ことも難しいはずです。

負けることを恐れず、決してあきらめないで挑戦していく姿勢を、これまで私は子どもたちに見せてきました。

本書では、私自身が経てきた葛藤とともに、パワーリフティング*（ベンチプレス）のアジアチャンピオンとなった僧侶であり、幼稚園の園長である私からの、子育てのヒントをお伝えしたいと思います。

＊パワーリフティングというスポーツには、バーベルを肩に担いで屈伸する「スクワット」、ベンチ台で横になってバーベルを挙上する「ベンチプレス」、床のバーベルを引き上げる「デッドリフト」のそれぞれの重量の合計を競う『パワーリフティング』という種目と、「ベンチプレス」のみの重量を競う『ベンチプレス』という種目があり、私は『ベンチプレス』でアジアチャンピオンになりました。

子育てのヒントについては、私が幼稚園教育で実践していることも、参考にしていただけると思います。

私が園長を務めるあかつき幼稚園では、週に1回、園児が20分ぐらいの「坐禅」をします。

坐禅の後半では私が「法話」をします。これは父の代からやっていたことで、私も園児時代に坐禅をした記憶があります。ほかの幼稚園でも「坐禅に挑戦」という形で年長児が年に1、2回するケースがありますが、毎週やっているところは珍しいと思います。法話の具体的な内容については、第3章で紹介します。

もうひとつ、「マーチングバンド」、つまり鼓笛隊も長年、幼稚園の重要な活動としています。小学校になれば珍しくもありませんが、幼稚園としてはなかなか見られない取り組みです。これについては、第4章で詳述します。

このふたつがもともと幼稚園の2本柱だったのですが、私は3本目の柱として「食育」を立てました。

お寺の畑を幼稚園の畑として、子どもたちと作物を育てているのですが、それを通して「いただきます」「ごちそうさま」の意味が卒園までにわかるように教育しています。これについても第4章で紹介します。

また私は園長になってから、父の時代にはなかった「教育理念」を掲げました。

それは仏教用語のひとつである「報恩《ほうおん》感謝」です。修行中に「世の中はすべて報恩感謝で成り立っている」と思ったことから、これを軸にやっていこうと決めました。この「報恩感謝」については、第5章で詳述します。

本書をお読みになって、子育てのヒントを少しでも得ていただければ望外の幸せです。

2021年3月

宮本覚道

目次

第1章

なぜ、幼稚園の園長先生が世界一の力持ちを目指したのか？

子育て
ワンポイント
アドバイス

第2章

不可能へのチャレンジ
～ダライ・ラマ法王の招聘

第3章

自分が好きな子に育つ「こども法話12ヵ月」

第4章 「坐禅」「鼓笛」「食育」で仏の心を伝える

第5章

「ありがとうの心」「思いやりの心」「やり抜く心」を育てる

第 1 章

なぜ、幼稚園の園長先生が世界一の力持ちを目指したのか？

私が寺の住職であり、幼稚園の園長であり、パワーリフティングのアジアチャンピオンでもあることは「はじめに」に記しました。順序としては、まずは寺の副住職であった幼稚園の園長が、チャンピオンを目指した形になります。

なぜ、そんなことになったのか。

この章では、それについてお話しさせてください。

妻も子もいない29歳の園長が、園児や保護者に向き合って

私が園長を務める「あかつき幼稚園」は、龍泰寺《りゅうたいじ》という曹洞宗のお寺の敷地にあり、仏教を教育理念としています。

もともと父が住職をしている寺であり、父が園長を務めている幼稚園でした。昭和18年生まれの父は龍泰寺の住職を務めながら、私が生まれた翌年に幼稚園を開園したのです。私自身もあかつき幼稚園を卒園しており、寺も幼稚園も私が父の跡を継いだ形です。

私は大学を卒業後、僧侶としての修行を積み、実家である龍泰寺に戻ってきました。

副住職となると同時に、幼稚園の事務員にもなりました。幼稚園事務の仕事をするかたわらで、いずれ父の跡を継いで園長になるために、本やインターネットで保育の勉強をしていました。いまは少子化の影響で70人ぐらいになった園児も、当時は１００人ぐらいいたと記憶しています。

実家に戻ってから2年後、幼稚園の事務員から園長になったのは、29歳のときでした。


園長になったばかりの頃には、大きな戸惑いがありました。

なにしろ自分にはまだ子どもがいないどころか、結婚もしていなかった時期です。大学の専攻も経済学だったので、子育てとはほど遠い分野でした。

「子育てを経験していない園長を、保護者の方はどう思うんだろう」という不安が常にありました。

その不安を払拭すべく、一生懸命に理論で固めて、きれいな言葉を並べて、保護者には対応していました。

子どもへの対応も同じです。

それまでに接したことのない「幼児」たちを相手に、どう向き合えばいいのかわからないまま、教科書に書かれていることをただ実践していたのです。たとえば「視線の高さを一緒にする」など、テキストには具体的なことがいろいろ書かれているので、それを実践するのです。

事務員時代に抱いた「園長先生とはこういうものだ」というイメージに合わせて、園児たちには本で読んだことを、自分の言葉にかみ砕いて話していました。

けれども、いまから振り返れば、それらは自分の言葉ではありませんでした。テキストから構築した「園長先生とはこうあるべきだ」という思いだけで、背伸びをしながら、着飾ってやっていたのです。

実際のところ、手応えはほとんどありませんでした。

園長としてのお話も、保護者にとっては「ありきたりなことを言っているな」という程度に受け取られていたように思います。幸い、保護者も職員もほとんどが同世代だったので、未熟な園長のこともカバーしてくれ、私の至らなさを指摘されるということはなかったのですが……。

「先生、夢、かなえたことあるの？」

幼稚園の園長の研修会に参加するようになった頃、幼稚園には「子どもたちに大きな夢を持ってもらおう。大きな夢を持てる子どもたちを育てていこう」という風潮がありました。世論でも、そうした動きがありました。

私もそれを鵜呑みにして、子どもたちに「大きな夢を持ちましょう」「夢を持って頑張ってね」と、坐禅の時間や卒園式などでしきりに言うようになりました。

そんな私に、ある日、園児から思わぬ鋭い問いが突きつけられたのです。

園長になってまだ1、2年目、卒園も近い3月の坐禅の時間でした。12ヵ月話してきたお話のまとめとして、「みんな、大きな夢を持って頑張ってね。先生、みんなのこと応援してるから」と言ったのです。

その坐禅が終わって本堂から出るとき、不思議そうな顔をした年長児から、「先生、夢って本当にかなうの？」と聞かれたのです。ふだんはおとなしく、しっかり話を聞いている子です。そのとき、私は「頑張れば、夢はかなうと思うよ」と答えました。

けれども、内心では「まいったな」という気持ちでした。

実は、私の答えは、マラソンの高橋尚子選手の受け売りでした。シドニーオリンピック（2000年）の金メダリストである高橋選手は岐阜県出身で、偶然にもご父君は私と同じ関市にある幼稚園の園長先生でした。それで高橋尚子さんの『夢はかなう』というご著書を紹介していただき、実際に手に取って読んだので

すが、その本を思い出して、「高橋尚子さんがそう言ってたよ」と答えたわけです。

けれども、園児の素朴な問いに対して、有名人の言葉を借りてその場をごまかした自分に釈然としませんでした。

園児もまた、まるで「先生は夢かなえたことないの？」というように、不思議そうな顔で私を見ていました。

子どもの疑問は素直で素朴です。真摯に答えなければ、子どもも敏感にそれを感じとります。そして、心は通わなくなるのです。

不思議そうな顔で私を見上げた園児の

目から、自分の言葉が伝わっていないことがわかりました。当然です。自分の口から出た言葉ではありますが、自分の心から出た言葉ではないのですから。

「と、イチロー選手が言っています」

その後、同じようなことを何人もの園児から聞かれることがありました。そのたびに、同じように「頑張れば、きっとかなうと思うよ」などと答えていたのですが、それが本心から出ている自分の言葉ではなく、表面的なごまかしだという自覚がありました。

園児からの問いが、「先生、夢をかなえたことあるの?」という意味に思え、次第に突き刺さってきたのです。

「いったい夢をかなえたことのない自分に『夢を持ちましょう』なんて言う資格があるのだろうか」と悩むようになり、なんとかしないといけないと考えはじめました。自分に嘘をついているようで、心の中に引っかかってしまった棘が取れませんでした。

園長会で、ほかの園長先生に相談しました。ですが、「そこは割りきって『頑張ればかなうよ』と伝えればいいんじゃないか」と言われました。

でも、自分にとって、それはごまかしです。演技です。そんなふうにごまかしながら、一生「理想の園長」を演じきるのはつらいなと思い、私の心は晴れませんでした。

そして、「やっぱり、これじゃいかん」と思った瞬間があったのです。来賓として呼ばれた、地域の小学校の卒業式でのことです。

ある来賓の方が祝辞を述べました。その方は「夢をかなえるには、小さなことをひとつずつ積み上げていくしか方法はないんだ」とおっしゃったのですが、「と、イチロー選手が言っています」と続けたのです。

その瞬間に会場がざわめいて、卒業生たちがガクッとなったのがわかりました。

その方自身の言葉ではなかったのか、というリアクションです。

どんなに素晴らしい言葉でも、自分のものになっていない言葉では、相手を納得させることも感動させることもできません。その場面を改めて客観的に見て、自分もこのままではダメだと思いました。

園児たちは園長先生のお話なら、ちゃんと聞いてはくれます。でも、心には届いていない……。そう思うと苦しくなりました。

そして「等身大の飾らない自分で子どもたちと向き合ったほうが、楽になるかもしれない。着飾ったスタイルをやめて、もっと素直に子どもたちと向き合おう」と考えはじめたのです。

「世界一の力持ちになる」と子どもたちに宣言

話は少し戻りますが、私は大学時代、アメリカンフットボール部に入っていました。

その頃、ウエイトトレーニングの一環として「ベンチプレス」にも取り組んでいました。ベンチプレスとは、上半身を鍛える筋肉トレーニングのひとつです。ベンチにあおむけになって、胸の上でバーベルを持ち上げます。

これがのちに私が「世界一の力持ち」を目指すことにつながるのですが、もちろん当時はそんなことになるとは露ほども思っていません。

最初は70キロのバーベルを上げるのがやっとでしたが、次第に筋力が上がり、4年生になると130キロを上げられるようになっていました。


アメフトは、大学を卒業しても続けていました。園長になってからも土曜・日曜には少しやっていたのですが、土日にも幼稚園の行事や法事が入ってくるので、30歳でアメフトは断念しました。

それでも身体を鍛えるのが好きなので、スポーツジムには通っていました。そこで当時プロの格闘家だったインストラクターさんから「ベンチプレスの競技がありますが、宮本さんなら、いいところまでいけるんじゃないですか?」と言われたのです。

2007年のことでした。それはまさに「子どもたちとしっかりと向き合えていないんじゃないか。自分の夢も持っていないし」と悩みながら過ごしていた時期でした。そして、私は「もしかしたら、これなら……」と一筋の光を見いだしたのです。

等身大の自分として素直に子どもたちに向き合うと同時に、実際に「何か目標を立てて、それに向かって頑張る姿を子どもたちに見せたい」「夢をかなえる姿を見せたい」という気持ちを、いつしか持つようになっていました。

けれども、子どもにわかりにくい目標では伝わりません。

子どもたちが素直に「すごい!」と思ってくれるのは、「力持ち」「足が速い」といったことです。重いバーベルを持ち上げるベンチプレスは「子どもにもわかりやすい」ことでした。

車で20~30分ぐらいで行ける美濃加茂市内にある専門のジムをインストラク

ターさんから教えてもらい、翌日ぐらいにさっそく訪ねました。

そして、1日おきに2、3時間ぐらいベンチプレスのトレーニングをする生活がはじまりました。

まもなく「まずは試合に出てみましょう」ということになりました。

最初の試合は地域の大会でした。参加選手は全部で20～30人いましたが、私と同じ階級は2、3人しかいない小規模な試合です。そこで私は運よく優勝できたのです。

私は初めて園児たちにベンチプレスをやっていること、地方の大会で優勝したことを話しました。

そして、「全日本の大会にも行けるから、先生は日本一を目指して頑張ってくるわ」と宣言したのです。

ベンチプレスに批判の声も

目標を持ち、「頑張っている自分」ができたことで、子どもたちにも「目標に向かって頑張れよ」と素直に言えるようになりました。楽しくてしかたありませんでした。

とはいえ、トレーニングにはそれなりに時間をとられますから、批判を受けることもありました。

私としては幼稚園のことも檀家様のことも犠牲にした覚えはありませんが、地域のお寺の会議のあとで、「ちょっと練習がありますので」と懇親会に出なかったことなどはありました。

そのため、ご老僧から「お寺の世界は甘くない」「そもそも、それは布教にはつながらない」と言われたり、ほかの園長先生から「そんなことばっかやっとったら、園長は務まらんぞ」と忠告されたりしました。

マイナースポーツということもあり、県大会や東海大会で優勝しても「すごいかもしれないけど、結局は趣味でしょ」という受け止め方をされてしまったのでしょう。「日本一を目指す」という宣言も、子どもたちにしかしていませんでした。

それでも、「こうして夢を目指している自分だからこそ、言えることがある。結果を出せば、伝えられることの幅はどんどん広がる」というイメージはありました。本当に自分の可能性を信じて、頑張っていたのです。

もちろん、自分の信念だけが私を支え

ていたわけではありません。

身近な人たちの理解と協力がなければ、頑張り続けることは難しかったでしょう。

いちばんの応援団は、やはり家族でした。

2010年に結婚した妻がまず応援してくれ、父も「今日はどうしても出たい試合だから」と言うと「頑張ってこいよ」と励ましてくれました。

自分が頑張れたのは、妻や両親、そして大会中に幼稚園の留守を守ってくれる職員たちなどの応援やサポートがあったからです。

そのありがたさが身に染みたからこそ、園児たちにも「幼稚園に通えるのはお父さんとお母さんのおかげなんだから、感謝しなければいけないよ」と、本心から語りかけられるようになりました。

けれども、それ以外の応援団はほとんどなく、「この和尚、趣味に走っとるわ」という雰囲気があったのも事実です。

銀メダルで、子どもたちの見る目が変わりはじめる

ベンチプレスをするようになって7年ほどたった2013年、とうとう日本選手権で2位になりました。

とてもうれしかったのですが、全国2位でも地方紙に記事が小さく載る程度。まったく騒がれることはありませんでした。「これまでの頑張りが実を結んだ」という自分の喜びだけで、そのときは終わりました。

ちなみにその大会から、私が試合で必ずやっている習慣ができました。

ベンチプレスでは3回バーベルを上げるのですが、この大会で私は、

1回目は「支えてくれているすべての人」に感謝を込めて

2回目は「いまの自分」のために

3回目は「未来の自分のため」に

上げました。

それ以来、どの試合でも同じことをしています。

銀メダルだった日本選手権でしたが、そのときの優勝者がアジア選手権を辞退したことから、なんと私にアジア大会に出場する権利が回ってきました。

2013年12月、フィリピンで開かれた「第1回 アジアクラシックベンチプレス選手権大会」の105キロ一般の部に出場しました。バーベルを持ち上げる用のウエアを着ないことが、「クラシック」と呼ばれるゆえんです。

台湾など、各国の大会で好成績を収めた代表5名がエントリーしていました。予選や決勝などはなく、3回の試技だけで持ち上げの重量を競います。

2回目に180キロをクリアし、3回目では自己記録を2・5キロ上回る197・5キロに挑戦したものの、バーベルを持ち上げられず、イランの選手に40キロ近く離されて2位となりました。初めての国際大会で、雰囲気に呑まれてしまったのです。

それでも、アジア大会で銀メダルをとることができました。

私は帰国後、市役所に報告しに行きました。国際試合に派遣費の助成金として3万円をいただいていたので、報告義務があったからです。

市役所で銀メダルだったと報告したところ、「それは市長に表敬訪問しないかんですよ、宮本さん」と言われました。そして、関市の市長に表敬訪問をすることになりました。実は、市長は、違う団体でとてもよくしてもらった先輩でもありました。

その表敬訪問の様子が大きく『中日新聞』に載りました。それで「あの和尚さん、銀メダルとったんだ」という話が広まったのです。園児の保護者もようやく、私がトレーニングに励んでいた理由を知ることになりました。「どうりで、そんないい体しとるんだね」という声もありました。

園児の父親たちは「覚道先生、ベンチプレスでアジアで銀とったんやぞ。お前、しっかり先生の話聞けよ」などと言ってくれるようになりました。

子どものほうも、「先生、そんなすごいの!?」と認識を新たにしてくれたようでした。

「じゃ、パンチさせて」と言ってくる子に大胸筋を叩かせると、「すげえ！」などと言ってくれるのもうれしかったです。

「そんなことやらずに、お寺のことをきちんとしろ」とか「幼稚園に集中しろ」という批判の声は、しだいに消えていきました。

アジア大会で銀メダルをとれたことは、本当に自信になりました。この自信により、目標は「日本一」から「世界一」に変わりました。

ところで「ベンチプレス」は、「パワーリフティング」という最大挙上重量の総計を競うスポーツの一部門です。

パワーリフティングには、バーベルを肩に担いで屈伸する「スクワット」、ベンチ台の上に横になってバーベルを胸につけてから上げる「ベンチプレス」、床に置いてあるバーベルを引き上げる「デッドリフト」の3種目があります。

私は当初、ベンチプレスだけをやっていたのですが、やがてスクワットとデッドリフトもはじめ、パワーリフティングの大会にも出るようになりました。
パワーリフティングの大会では、選手は体重カテゴリー、年齢カテゴリーで分けられますが、年齢を問わない「一般」の部もあります。
私はいつも、スクワット250キロ、ベンチプレス200キロ、デッドリフト250キロぐらいで、700キロに届くことを目指していました。

逆境をバネにして金メダル！

２０１４年12月、私はオーストラリアのメルボルンで開かれた「アジアクラシックベンチプレス選手権大会」に再び出場しました。

前年よりも階級を上げて、１２０キロ以下の部です。２回目の試技で１９５キロを持ち上げて、優勝しました。

公式記録では最高２０２・５キロを持ち上げているのに、どうしても緊張してしまい、ふだんよりも少ない重さしか持ち上げられなかったのですが、それでもなんとか金メダルを獲得することができました。

アジア大会で優勝した瞬間に思い出したのは、不思議なことに、つらかった経験ばかりでした。ご老僧から「そんなのやっとるな。お前はわかっとらん」と言われたり、ほかの園長先生との園長会で「宮本先生、生きてくうえで必要のない筋肉鍛えて、ご苦労さんだね」と茶化されたりしたことです。

そんな逆境があったにもかかわらず、「自分はやりたいことに必死にしがみついて、それをやりきったじゃないか」という思いで、泣けてきました。

心の底から「自分はやりきった」と感じられ、「これが人生の醍醐味なのかな」と思いました。


これらの成果が、『中日新聞』や『岐阜新聞』などで大きく取り上げられました。子どもたちの自分を見る目がますます変わり、「自分に興味を持ってくれた」ということがわかりました。本当にうれしかったです。

最近は会議などで小学校に行くこともありますが、「先生、テレビ映ってったね」とか、「僕のこと覚えていますか」などと、子どもが向こうから近づいて来てくれます。

普通は恩師であっても、担任か部活の顧問でもなければ子どもたちの印象には残らないものですが、自分は幼稚園の園長でありながら「印象に残る恩師」になれたことをうれしく思います。自分で自分のことを「恩師」と言うのは、照れくさいですが……。

子どもたちに報告するために歴戦を重ねて

２０１５年11月、岐阜県大会で日本標準記録を達成し、千葉県で開催された全日本大会に出場しました。

２０１５年12月、「アジアクラシックベンチプレス選手権大会」がウズベキスタンで開かれ、一般部門１２０キロ以下級で2位になりました。銀メダルです。

その前の9月の県民スポーツ大会では２１２・５キロとベストを更新し、11月の国体県予選では２１０キロをクリアしていたのですが、その直後に左肩をケガし、痛みを抱えたままの出場でした。３回の試技の初回こそ前回と同じ１９５キロを上げたものの、２０５キロを2回失敗するという結果でした。

不本意でしたが、翌年3月の日本選手権に気持ちを切り替えて、園児たちに「日本一になったよ」と言えることを目指す、と決意したのでした。

2016年3月、「第16回 ジャパンクラシックベンチプレス選手権大会」では一般部門120キロ以下級で第4位でしたが、その年の12月、ニュージーランドで開かれた「2016 アジア&オセアニアクラシックパワーリフティング・ベンチプレス選手権大会」120キロ以下級では、ベンチプレス選手権大会3位、パワーリフティング選手権大会3位（ベンチプレス種目で200キロを上げて1位、スクワット種目で3位）になりました。38歳のときです。

パワーリフティングの記録は合計で685キロぐらいでしたが、私の場合は、国際試合では記録よりも「勝つこと」を重要視します。相手の選手に勝てるように戦術を立てて臨むため、記録はあまり問題ではないのです。

ただし残念ながら、年齢とともに、700キロ以上を出しても一般の部ではなかなか勝たせてもらえなくなりました。それもあって40歳からは、一般の部ではなく、「マスターズ」という40歳以上の部に出場しています。もっと強くなったら、また一般の部で勝負したいと思います。

２０１７年12月に開かれたパワーリフティング、ベンチプレスの国際大会では、５部門で金メダルを獲得しました。

オセアニアの９ヵ国から多くの選手が参加し、日本からは招待選手として12人が出場したのですが、私はベンチプレス部門で１８０キロ、パワーリフティング部門でトータル６２５キロを記録しました。種目別ではスクワット２２５キロ、ベンチプレス１８５キロ、デッドリフト２１５キロで、すべて金メダルとなったのです。

実は２０１７年の夏に大きく体調を崩し、入院しました。体重も10キロ以上減り、引退も考えました。しかし、国際大会への出場権がありましたので、記録は大幅に下がることはわかっていながらも、自分を成長させる機会になると思い、出場しました。このような状況でメダルをとれたことは、自信につながりました。

自分の可能性を信じ、大会を目指してたゆまぬ努力を続けてきたことが結果に

結びつきました。大きな達成感がありました。

２０１８年11月、住職を引き継ぐ「晋山式」の翌週に、兵庫県明石市で開かれた「第23回　ジャパンクラシックマスターズパワーリフティング選手権」の男子40歳以上１２０キロ級では、トータル重量６６５・０キロを記録して優勝しました。この大会では初優勝でした。

２０１９年の6月、スウェーデンで「世界クラシックパワーリフティング大会」が開かれ、マスターズ男子ベンチプレス１２０キロ以下の部に出場しました。ベンチプレスで１９５キロ、スクワットで２５０キロ、デッドリフトで２３０キロを記録し、ベンチプレス部門で銀メダル、総合では4位でした。

私は、試合に出るたびに園児に結果を報告します。毎回メダルは隠しておき、「先生、○○大会に出てきました。何位だったと思う?」とか「何色のメダルだと思う?」などともったいをつけて、「ジャジャーン」と言ってメダルを取り出します。すると、大いに場が盛り上がり、子どもたちは「すごい!すごい!」と言ってくれるのです。「頑張ってね」と励ましてくれる子もいます。

「夢を持ってよかった」と心から思える、うれしい時間です。

「夢を持って頑張ろう」が自分の言葉になった

いくつもの結果が出て、自分の考え方の軸ができてからは、自分の言葉として自信を持って「夢を持って頑張ろう」「チャレンジしよう」と言えるようになりました。「夢」という言葉は、「やりたいこと」と言い換えてもいいでしょう。

卒園式でも、年度末の法話でも、私は次のように言っています。

「大切なことは、３つあります。ありがとうの気持ちを忘れないこと、お友だちを大切にすること、自分で決めたことは最後までやり抜くこと。この３つのことをやれば、きっとみんな将来、カッコいい大人になれるよ」と。

子どもたちも「(日本一になった、僕たちの)先生が言うんだったら、そうなのかも」と思ってくれるようです。

テレビで見た大リーガーやサッカー選手ではなく、知っている身近な大人が夢をかなえたのだから、自分もきっと夢をかなえられるかもしれない。そんなふうに「自分を信じる勇気」を私の姿から持ってもらえたら、これに尽きる幸せはありません。

失敗することはカッコ悪いことじゃない

保護者の反応も変わりました。

「先生、テレビ見たよ」「先生、また優勝したの。すごいね」などと言ってくれる方もいます。また、「感謝の心を持つだけではなく、行動に移す」という私の考え方に共感して、子どもの入園を決める保護者も出てきました。

私は試合のあと、坐禅の時間の法話で必ずこう話します。

「失敗するのはカッコ悪いことじゃなくて、失敗して、そこであきらめちゃうことがカッコ悪いことなんだよ。だから、頑張ろうね」

こんな話を続けていると、保護者から「いいことを伝えてくれてありがとう」とお礼を言われるようになりました。

また、「失敗するのはカッコ悪いことじゃないから、また次頑張ろうって、この子が言ってました」と言われたこともあります。「いちばんカッコ悪いことは

何か。それは、チャレンジしないことなんだよ」と伝えた話に、説得力が出たのでしょう。

チャレンジすれば人生が本当に楽しくなるということを、私は園児たちに伝え続けたいのです。

「目標に向かって頑張っている瞬間って、どれだけ幸せなことか、みんなわかる？」と語り続け、子どもたちが成長して、一緒にお酒も飲める年齢になり、もしも悩みがあったら相談しに来てもらえるような、そんな先生でありたいと思います。

努力する姿を見せるということ

頑張っている時間というのは、自分が自分らしく生きている瞬間ではないでしょうか。

私は園児にそれを口で伝えるのではなくて、自分が頑張っている姿を見てもらうことで伝えたいと思います。

これは、お父さんやお母さんにもぜひやっていただきたいことです。何かに努力している姿を、親として子どもに見せてほしいのです。

近年、「早く大人になりたい」と思う子どもが少なくなったという統計データがあります。それは「今日も仕事か。しんどいなあ」とつぶやいている親を見ているからではないでしょうか。それはとても残念なことです。

「大人になっても、いいことがいっぱいある」と思えるような姿を見せて、子どもたちに「早く大人になりたいな」と思わせるのも、ひとつの子育てだと私は考えています。

私自身、自分の娘には「大人の仕事は楽しくてしゃあない」「お釈迦様の言葉で、自分は本当に救われた。天職やわ」など、ポジティブなことしか言っていません。2017年生まれのまだ幼い息子にも、いずれは「大人の仕事も本当に楽しいよ」と伝え、自分から「お坊さんになってもいいかな」と思ってもらえればうれしく思います。

そのためにも、「仕事だからしかたない」という気持ちでする仕事はしないようにしています。自分がやっている仕事が少しでも誰かの役に立っていると思えれば、自分の仕事にも誇りを持てます。それも仏教の考え方が根底にあるからでしょう。

いまは、毎朝起きるのも楽しみになりました。そして「今日は何をしよう」とワクワクしながら考えるのです。

自分を受け入れることで、「自己肯定感」が生まれる

いまでも、トレーニングは毎日1時間ぐらいやっています。

以前は毎晩のようにスポーツジムに通っていましたが、本業が忙しくなってからはベンチプレスの台を購入して、自宅でもトレーニングができるようになりました。もちろんベンチプレスだけではなく、すべてのパワーリフティングのトレーニングを続けています。

その結果、筋肉量が増加し、当初90キロ台だった体重はいつのまにか113キロにまで増えました。いま、胸囲は1メートル30センチ、腕回りは51センチあります。

コロナ禍でジムに行けなかった時期には、家の倉庫を半分ぐらい片づけて、自宅で毎日トレーニングしていました。いまはいろいろなトレーニング方法があります。有名選手が動画投稿サイトなどに上げている練習も取り入れています。

園長になったばかりの頃は、机上の勉強だけでテキストどおりに演じきればなんとかなると思っていました。

「園長先生」をひとつの仕事ととらえ、仕事だから「演じるんだ」というプロ意識があれば、園長を退職するまでうまく演じきれるのかもしれません。でも、私には無理でした。仕事と割りきるのではなく、自分自身の資質で子どもたちと向き合いたかったのです。

アジアで1番になったとき、本当にうれしかったのは、メダルをとれたことではなく、自分のやりたいことにしがみついて最後までやりきったことでした。そんな自分を愛おしく思え、自信が持て、好きになれました。

実はいまでも「まだそんなことやっているのか」と言われることがあります。でも、それを気にすることはなくなりました。

これが自分のありのままを自分で受け入れられる、自分を好きでいられる、いわゆる「自己肯定感」なのでしょう。

子育てワンポイントアドバイス

子どもの自己肯定感を高める「ほめ方」

子どもは自分の話を聞いてもらえると、とても喜びます。

こちらが耳を傾けると、子どもは「話すことが楽しい。だからもっと話したい」と感じるようになります。そこから表現力や語彙力が生まれてくることを、私は日頃から実感しています。

ですから、子どもにどんどん話をさせ、それを聞き、そしてほめることが、とても大切なのです。

そのためには、親からいろいろ尋ねるといいでしょう。

そのとき「はい」か「いいえ」で答えられる質問ではなく、自分の言葉で表現することが必要になる質問をすると、子どもの言葉の力が高まります。

子どもの自己肯定感を高めるためには、ほめることが大切です。

私は〝結果〟ではなく、「こうやって一生懸命に頑張っていること自体が、すごくいいことなんだよ」と、〝過程〟をほめるようにしています。

一生懸命に頑張れば、たとえ結果がついてこなくても、自分を誇りに思え、自分を好きになれるからです。

叱るよりも、どんどんほめましょう。

ほめるときは、ぜひスキンシップを大切にしてください。

私はよく、「上手にできたね、やったね。いえーい」と言ってハイタッチします。すると子どもたちも喜んでハイタッチしてくれます（コロナ禍においては、配慮しますが）。

ハグなどのスキンシップをすると、「幸せホルモン」とも呼ばれるオキシトシンが分泌されるといいます。スキンシップを増やすことで、子どもはより親の愛情を感じ、幸福感が高まります。

第 2 章

不可能への
チャレンジ～
ダライ・ラマ法王の
招聘

パワーリフティングでの成功体験は、「園長」としての私だけでなく、「僧侶」としての私にも大きな力を与えてくれました。日本の一地方の青年僧侶の集まりが、世界で最も高名な仏僧を招いて、大きなイベントを開くことができたのです。私はそのイベントの実行委員長でした。

その次第を記す前に、ここで私の経歴を少しお話しさせてください。

古《こ》刹《さつ》に生まれて

前にも述べましたが、私の実家は龍泰寺という岐阜県関市にある曹洞宗のお寺です。この寺は室町時代（１４０７年）に開創されたので、６００年以上の歴史があります。

龍泰寺には、寺を建てるときに邪魔だった大きな岩を僧侶姿の天狗が持ち上げたという伝説と、寺の前にある池に棲む龍が死ぬ前に仏の教えを授けられ、生まれ変わって寺の守り神となったという伝説があります。そのため、コロナ禍に見舞われた2020年には、天狗と龍にちなんだ御朱印を配りました。

私は、その古い寺に、2人姉弟の弟として生まれました。

住職である父の跡を「継ぎなさい」と言われたことはありませんが、「継ぐものだ」という無言の雰囲気を周囲から感じて育ちました。それが「嫌だな」と思った反抗期もありましたが、両親からは「好きなことをしてこい」と言ってもらえました。

高校卒業後は慶應義塾大学の経済学部経済学科に進学し、アメリカンフットボール部に入りました。そのアメフトのために、ウエイトトレーニングの一環として「ベンチプレス」にも取り組んだのは、1章で述べたとおりです。

大学3年生ぐらいになってから、就職するか、寺を継ぐかと、ようやく将来のことを真剣に考えました。

そのとき、学費がすごくかかったことに思い至り、「本当に申しわけない。まずは親に恩返しをしないかんな」と考えたのです。親を安心させて恩返しをするには、やはり仏教の世界に行くことだと判断し、「お寺を継ぐ」と明言しました。

そして大学を卒業後、すぐに仏教系の駒澤大学大学院に進みました。


大学院を修了後は、まず福井県の永平寺に行き、丸1年間修行をしました。

岐阜という地域には、当時、永平寺で修行していなければ僧侶として認めないと考える風潮があると聞き、私としても日本で最も坐禅修行が厳しいと言われる永平寺で修行したいと思ったのです。

その後、横浜にある總持寺《そうじじ》に行きました。總持寺は、永平寺と並ぶ日本曹洞宗の大本山（中心寺院）です。曹洞宗にはふたつの大本山があるのですが、龍泰寺は總持寺系なので、そちらの修行にも行かなければなりませんでした。

修行というと、「滝に打たれたり、火の上を歩いたりしたんですか?」とお檀家さんから聞かれることがあるのですが、曹洞宗にはそういう修行はありません。ひたすら規則正しい生活を送ります。

朝、3時半に起きて、4時から5時ぐらいまで坐禅をします。そしてお経のお勤めをして、朝食をいただき、掃除をします。私は法要を務める部署に配属されたので、そのあとは法要です。そして、お昼のお勤めをして、昼食、掃除、またお勤め……。その毎日です。

そんなふうに毎日、規則正しく生活をしていると、「自分はなぜ、生まれてきたんだろう」などと考えるようになります。自分と向き合う期間でした。

もちろん、娯楽はありません。新聞もテレビもありません。情報が入ってこないので、あとから知って最も驚いたのは、阪神が優勝したこと。SMAPの『世界に一つだけの花』が大ヒットしたこともあとから知りました。仏教に通じるような歌詞だなと思ったことを覚えています。

そういった外界と切り離された修行の生活に耐えられず、脱落していく人もいました。

私はまわりから「帰ってくることだけは、絶対にしないでくれ」と言われていたこともあり、逃げ帰ることはありませんでした。

ふたつの寺での修行を終えて、龍泰寺に戻ってきたのは26歳のときでした。戻ると同時に、曹洞宗岐阜県青年会（曹岐青）に自動的に所属となりました。

２００５年、私は龍泰寺の兼務寺である薬師寺の住職、そして龍泰寺の副住職となりました。龍泰寺では副住職ですから、住職である父は、私にとっては親であるとともに「師匠」です。

父の跡を継いで龍泰寺の住職になったのは、それから10年余りたった40歳のときでした。

私が修行を終えて寺に戻った頃の父は地域のことに一生懸命で、関連施設である社会福祉法人のほうで手一杯になっていたこともあって、幼稚園のほうは早めに私にまかされたのですが、寺のほうは父が70代になってから私に譲りました。２０１８年のことです。

第14世ダライ・ラマ法王を日本に!?

話は少し遡ります。

曹岐青では会計などの仕事をしていたのですが、2013年、40周年記念事業の実行委員長になることが決まりました。節目の年に、何かふさわしい事業をしなければなりません。

曹岐青の会長と、事務局長と、記念事業実行委員長である私の3人で考えたのは、「仏教という素晴らしい教えを一般の人たちに伝えていきたい」ということでした。そこで「般若心経の意味を伝える演劇をする」「有名な人を招いて講演していただく」など、いろいろな企画を考えたのですが、どの企画も一般の方には伝わりにくいと思われ、頭を悩ませていました。

そして「仏教界では誰の言葉が一般の人にいちばん説得力があるだろうか」と考えたところ、曹岐青で会長も経験していた老師から「ダライ・ラマ法王」の名前が出てきたのです。

現在のダライ・ラマ法王は第14世です。1989年にノーベル平和賞を受賞した高僧で、世界的に有名な存在です。岐阜県という一地方の一宗派の青年会などが、はたして呼べるのかと疑問が浮かばないわけはありません。

けれども、思いきってやってみようと決意しました。

そんな決意ができたのは、やはりベンチプレスでの成果が背景にありました。「ベンチプレスをやりとげた自分になら、できるのではないか」という気がしたのです。

最初から「どうせ無理だ」と思うのではなく、「どうやったら呼べるんだろう」と考えることができました。ベンチプレスの経験で自信がついたことで、いつのまにか思考回路も変わっていたのです。

自分ひとりの力では実現できなかった招聘

　ダライ・ラマ法王の日本事務所に電話をしたところ、世田谷学園の校長先生で曹洞宗の方が、以前に法王を日本に招聘した経験をお持ちだとわかりました。その方がパイプになってくれ、話は進んでいきました。

　ただし、いくら先方が企画に好意的であっても、先立つものがなければイベントは成立しません。法王ご自身は謝礼などいらないという立場でしたが、現実にはそういうわけにいきません。SPも来るし、通訳者、世話人などの交通費・宿泊費などを入れると、膨大な予算を組む必要があります。

　予算はまったく足りませんでした。

　そこで、岐阜県のすべての寺院に協賛金をお願いしました。青年会のメンバーは60人ぐらいですが、そのうち20人ぐらいで手分けして回り、私も何十軒か回りました。

そのうちに「青年会がダライ・ラマ法王を呼ぼうとしとるけれども、どういうことやねん」という声も漏れ聞こえてきたので、歴代会長のところなどにも足を運び、説明して回りました。

なかには「なんでダライ・ラマ法王なんだ？　曹洞宗の人たちに失礼じゃないか」と反対する声もありましたが、「仏教の魅力を発信する」という目的に賛同してくれ、「ほんと応援するわ」と多額の寄付をしてくれたお寺もありました。

さらに愛知学院大学にも声をかけたところ、「ぜひ」と承諾していただけ、結局、曹洞宗岐阜県青年会と愛知学院が共同招聘者となりました。

そのうえ、曹岐青の会長が札幌青年会議所の専務と友人だったことから、「ダライ・ラマ法王が北海道に初上陸」という謳い文句でイベントを開く話もトントン拍子に進みました。それもあって2ヵ月で予算が満たされ、招聘に漕ぎ着けることができました。

法王を呼ぼうと決意してから、1年足らずでした。

事務局を中心に企画し、会議を重ね、理事会の承認を得て、総会で認められ、

スタッフ全員が一丸となって準備に奔走して、まったく経験のない一大イベントの開催に至ったのです。

2015年4月2日、インドのダラムサラから来られた第14世ダライ・ラマ法王の御一行を成田空港でお迎えしました。法王様は終始笑顔で、出迎えた5人の僧侶をねぎらってくださいました。

御一行を見送ったあとに、私たちも翌日の札幌での講演会に出席するため、北海道に飛びました。そして会場となったロイトン札幌で、警備態勢を含めた準備の子細などを学びました。

3日、ダライ・ラマ法王が新千歳空港に到着されました。21回目の来日でしたが、北海道では初めてということで話題になったようです。札幌青年会議所が主催した「普遍的責任　世界とのつながり」というテーマの講演会には、約1800人もの人が押しかけました。

6日には、愛知学院大学で「仏教の叡智に学ぶ」と題した特別講演会がありました。講演のあと、同大の特任教授でもある池上彰さんとの対談がおこなわれ、とても盛り上がったと聞きました。

私たちは、その間、岐阜に戻って準備に追われていました。

「私たち人間には愛や思いやりを称えられる能力があります」

4月8日、花祭り（お釈迦様の誕生日を祝う行事）の日が、曹洞宗岐阜県青年会の40周年記念事業の日でした。人々に「仏教に出会っていただく」ための特別なときです。会場は、岐阜市長良川国際会議場でした。

プログラムは2部に分けました。

第1部は、ダライ・ラマ法王が導師となって執りおこなった花祭りの法要です。オープニングには幼稚園児が献花して、『WAになっておどろう』を愛らしく踊りました。

法王は「人生の目的は幸せになることである」とおっしゃったのですが、思いやりにあふれ、喜びを分かち合え、すべての人々が輪になって踊れるような温かい世界こそが幸せであることを想起させるような踊りでした。

続く第2部は、「仏教に出会えてよかった 花まつりに集う仏法僧」と題する特別講演でした。

私が好きな法王の言葉に「私たち人間には愛や思いやりを称えられる能力があります。このささやかな能力こそ、人間の最も大切な天分だと思うのです」とあるのですが、講演ではまさに、このような内容を伝えていただきました。専門的で難しい内容もありましたが、もっと仏教を学びたいと思ってくれたり、法王への親近感を持ってくれたりした人が多かったようでした。

全部で2300人ぐらいの来場がありました。メイン会場では入りきらないのでサテライト会場も用意し、映像も駆使して、2階の端の席からでも見ていただくことができました。


ダライ・ラマ法王は、すべての人を受け入れるという雰囲気がにじみ出ている方でした。

私自身が特別講演で最も印象に残ったのは、「聞・思・修」という仏教における智慧の実践について解説されたところでした。相手の言うことをきちんと聞き、

そして考えて、行動しなさいという教えです。

もうひとつ印象深かったのは、お寺の庫裡《くり》さんで、まだ若いお母さんが「日々の子育てにおいていちばん大切なことは何ですか？」と訊ねたときのことです。

法王は「子育ての経験がないのでわかりません」とだけ言い、ニコッと笑ったのです。その一言だけで終わってしまったのに、会場が和やかになりました。

笑顔だけでも伝わるものがあることを実感した一コマでした。

一歩踏み出す勇気と覚悟があれば、なんでもできる

私たちは、チームとしてダライ・ラマ法王を招聘できました。

自分がやりたいことをしっかりとやりきったという思いがあり、多くの応援してくれた人への感謝があり、自分の考え方も大きく成長しました。ベンチプレスでアジアチャンピオンになったときよりも、やりきった感がありました。

パワーリフティングで努力し続けた経験があったからこそ、最後まで自分を信じきれたのです。

パワーリフティングでも招聘でも、何か新しいことをやろうと思えば、必ず反対意見は出てくるものです。それでも、一歩踏み出す勇気と覚悟があれば、なんでもできるんだと思いました。

反対意見もあるなかで準備を進めることにつらさはありましたが、そのときに

自分を支えてくれたのは、ベンチプレスの経験でした。

「自分が信じたことを必死にやりとげた先には、必ず何かがある」と信じ、「一生懸命に頑張る姿を見た人にも、何かが伝わればいい」と願いながらやっていくことができました。

さらに、「反対されているということは、覚悟を試されているのかもしれない」とも思えました。父がまだ住職で私が副住職だったとき、私の意見はいつも反対されていたのですが、いまにして思えば、覚悟を試されていたのだと気づくこともできました。

振り返って感じるのは、「どこまでいっても、最後は人。人と人とのつながりが何よりも大切」だということです。

終わってみれば、「ようやったな」と誰もがほめてくれました。

そして、曹洞宗岐阜県青年会の噂が全国に広まり、私は全国曹洞宗青年会の副会長を引き受けることになりました。地方の一青年団体が招聘したことが画期的だったようです。全国曹洞宗青年会という組織での活動経験がない私に、いきなり副会長の打診がきたのですから驚きでした。

「自分で決める」ことが幸せをもたらす

聞いた話ですが、「自分で決める」ことがあると、幸福度が増すのだそうです。

実を言えば、私はもともと「自分で決める」ということを、とても大切にしていました。

私は「社会福祉士」の資格を持っているのですが、その延長で「認定心理士」の資格もとりました。その授業で教授から、「皆さん、人に相談ってしますか?」と聞かれたのです。そして、教授はこう続けました。

「いろいろな人に相談して、いろいろな意見を聞きますよね。でも100人中100人に反対されたら、皆さんはどう思いますか? そして101人目が賛成してくれたらどう思いますか? 実は人間って、そのひとりを探すために相談しているんです。初めから自分で決めているんですよ」

こう言われたとき、たしかにそうだと思いました。自分も相談するときには、「それ、いいね」と言ってくれる人を見つけようとしているだけなのです。

このように「自分で決める」ということは、とても大切だと思うのです。

私は自分でパワーリフティングをはじめようと決めました。ダライ・ラマ法王を呼ぼうと決めました。

それが私の自己肯定感をいつのまにか高めて、幸せな気持ちをもたらしてくれたことは間違いないでしょう。

「自分で決める」ことだけではありません。「人に評価してもらう」のではなく、「自分で自分を評価する」ことも大事だそうです。

自分で決めた道を、正しいと信じて突き進み、やりとげたからこそ、私にはいま、幸福感があるのです。

子育てワンポイントアドバイス

叱るのはOK、怒るのはNG

子どもがいけないことをしたときには、きちんと注意をすべきです。叱っていいのです。

けれども、感情的に怒るのはいけません。

怒りの感情にまかせて大声を出すと、子どもは親に「嫌われた」とか「愛されてない」という不安に襲われます。

怒りという感情を持って接すると、子どもたちには負のイメージで伝わります。「叱られた」「怒られた」というのは、子どもにはいちばんつらいことです。

落ちついて、子どもにもわかる言い方で、論理的に叱ってください。

親が感情的に怒ると、子どもも感情的になり、聞く耳もなくなります。子どもの自尊心を傷つけるだけです。

叱るときに、「お母さんがダメと言ったらダメなの！」という言い方はよくありません。「お母さんの言うことはとにかく聞かないといけない」という思考停止に陥り、自分で考えて行動する能力が育まれないからです。

思わず怒鳴ったり、手を出したりすることがあるかもしれませんが、それは「何も伝えることができない」ということを露呈しているだけです。言葉で伝えられないから、思わず手が出てしまうのだという自分の姿を自覚すべきでしょう。

また、親御さんに叩かれて育った子どもは、人様に手を出す大人に育ってしまうことを忘れてはいけません。「自分がされて嫌なことは絶対にしないようにしように」という仏教の教えは、子ども同士だけではなく、親子の関係にも言えることです。

叱るときには、周囲に誰がいるかも冷静に見てください。私は幼稚園の先生たちに、その子と1対1になって叱るようにと指導しています。まわりの子の前で叱っては、本人がとても傷ついてしまうからです。

第3章

自分が好きな子に育つ「こども法話12ヵ月」

私はお寺の「住職」であり、幼稚園の「園長」でもあるわけですが、まずは「僧侶」であることが自分の軸にあります。言い換えれば、僧侶として、お寺の幼稚園の園長もしているということです。

ですから幼稚園でも、坐禅のときには法衣に着替えて、ひとりのお坊さんとして「お釈迦様はこう説いています」「2500年前のお釈迦様の教えがいまも残っているって、本当に不思議じゃない？　そこに世の中の真理があるから残っているのかな」などと伝えます。私が法衣を着ていると、「今日、坐禅あるの？」と聞いてくる子もいます。

「幼稚園児に坐禅なんて無理」と思うかもしれませんが、そんなことはありません。「本堂は仏様がいるところだから静かにしようね」と言い聞かせていると、「仏様が見守ってくれている」という意識が育っていきます。正座でお経を唱え、坐禅では（あぐらのように）足を組み、じっと取り組んでいます。しっかり坐るのが約10分、続いて私の話が約10分あるので、全部で20分ほどの時間です。

初めは「こんなの嫌だ」と言う年少の子（3歳児）もいるのですが、年長の子（5歳児）たちが静かに坐禅をしている姿を見ていると、「僕もやろうかな」と自分から思うようです。年長の子の真似をしたがる年齢でもありますが、もしかすると本堂のおごそかな雰囲気も影響しているのかもしれません。

幼稚園での法話には、毎月のテーマがあります。園の年間計画に合わせてあるので4月から3月という流れですが、この章ではそれを順に紹介します。

ご家庭でのしつけの参考になることがほとんどですが、親御さんの立場では言いにくいテーマもあります。たとえば「お誕生日」についての法話では、「お誕生日は、お父さんお母さんから『おめでとう』って言ってもらう日じゃなくて、君たちからお母さんに『産んでくれてありがとう』って言う日なんだよ。お母さんがいちばん頑張ってくれた日なんだよ」と伝えます。お母さんの口からは言いにくいですが、お父さんが「お父さんがいちばん喜んだ日なんだよ」と伝えることはできます。どんなテーマも、家庭教育に生かしていただけることと思います。

お友だちと仲よくなろう

ねらい

自分自身を大切にするとともに、他人を思いやることに尊い意義があることを見いだそう。

年少 ≫ 先生やお友だちの名前を覚える。

年中・年長 ≫ 新しいお友だちに慣れて、年中・年長児としての自覚を持つ。

●解説

4月は年度の最初なので、友だちになる方法を話します。それは次の3つです。

①名前を覚えて呼んであげよう
②自分がされてうれしいことをどんどんしてあげよう
③自分がされて嫌なことは絶対にしないでおこう

①は、「新しいお友だちの名前を覚えて、呼んであげよう」という呼びかけです。

②の「自分がされてうれしいことはどんどんしてあげましょう」というのは、仏教の「布施《ふせ》」という考え方です。これを逆から言うと、③の「自分がされて嫌なことは絶対お友だちにしないようにしよう」となります。

①②③の3つを守れば、お友だちができるよと伝えます。

世界で2000年以上読まれている書物は、聖書と論語の2冊だそうですが、どちらでも強調されていることは同じです。聖書では「汝《なんじ》の隣人を愛せよ」、論語では「それ恕《じょ》か」で、どちらも右の②と③と同じことを意味しています。

これらのことを考え合わせても、目の前の人を大切にすることが、この世の真理であることがわかります。園児たちに最も大切にしてほしいこととして、年度の初めにあたって私はこれを伝えています。

●園児への法話

みんな、新しいクラスのお友だちの名前はわかりますか？　お友だち同士、名前を呼び合うことによって、いまよりももっと仲よくなれます。

もし、まだ名前がわからない子がいたら、早く覚えて仲よくしてください。名前を呼ぶときには、ちゃんと「くん」か「ちゃん」をつけるようにしてください。


4月から小さい組さんの新しいお友だちが増えました。

みんな、新しいお友だちの名前は覚えましたか？　早く覚えて、新しいお友だちとも仲よくしてください。

新しいお友だちはまだ幼稚園に入ったばっかりで、わからないことばかりです。みんなはお兄さんお姉さんになるのだから、わからないことがあって困っていたり、泣いていたり、寂しがっていたりする新しいお友だちがいたら、「どうしたの？」とか「大丈夫？」と声をかけて、一緒に仲よく遊んでください。

お兄さんお姉さんとして、これからは自分だけではなく、新しいお友だちの気持ちも考えられるようになって、誰とでも仲よくしてください。

もうひとつ、お願いしたいことがあります。新しいお友だちに外遊びのルールも教えてください。

「三輪車は仲間で乗る」。年少さんは乗りたくても、年長さんや年中さんが乗っていたら遠慮して「乗せて」の一言が言えません。みんなが乗れるように考えてみてください。

ケガをさせたり、寂しい思いをさせたりしたら、せっかくの楽しい幼稚園が悲しい場所になってしまいます。遊びのルールは先生も教えますが、年少さんはケロッと忘れてしまうことがあります。そういうときには、年長さんや年中さんが、先生の代わりになって教えてください。

5月

決まりや約束を守ろう

ねらい

約束を守ることは社会生活の基本で、それをもとに集団の秩序が保たれる。社会生活の第一歩である園生活を楽しいものにしよう。

年少 ≫約束を覚える。

年中 ≫約束を守る。

年長 ≫年少・年中児のお手本となる。

●解説

仏教用語に「持戒和合《じかいわごう》」という言葉があります。「持戒」とはお釈迦様が示された彼岸にたどり着く方法のひとつで、戒《かい》を保《たも》つという意味です。「和合」は仲よくすること。難しい言葉のようですが、「約束をしっかりと守ることによって、みんな仲よくなれる」という意味にとれるのではないでしょうか。

あかつき幼稚園には、さまざまなルールがあります。

たとえば、次の「4つのお約束」です。
・元気よくご挨拶をすること
・先生のお話を静かに聞くこと
・履物をそろえること
・あと片づけをすること
そのほかに、「遊びのルール」もあります。「三輪車を譲る」「お砂場道具が落ちていたら、自分が使ったものでなくても片づける」などの決まりです。

私はルールを伝えたうえで、「幼稚園はお友だちみんなと仲よくする場所だから、ひとりで好き勝手に楽しいことばかりをやっているとどうだろうね」と問いかけます。約束を守ることの意味を伝え、お友だちと仲よくするためには「4つの約束」をしっかりと守ってほしいこと、家に帰っても守ってほしいことを話します。

子どもには、「約束をしっかり守ろうね」と言うだけでなく、「なぜ約束を守らないといけないの？」という問いに、丁寧に答えていかなければなりません。

年少児と年長児とでは経験が違いますから、こちらの表現も違ってきますが、たとえば「片づけをする」という約束であれば、「お約束を破って片づけをしなければ、ほかの子はどんな気持ちになる？　なんか気持ち悪いよね」「次に遊びたい子は、どんな気持ちになる？　気持ちよくはないよね」などと伝えます。

「ひとりの子が約束を守らなかっただけで、たくさんの子が悲しんじゃうんだよ。だから、お片づけをするというのはとても大切な思いやりなんだよ。遊んだあとにはちゃんとお片づけしようね」と話します。

そして、「幼稚園ではお友だちと先生が悲しむけど、おうちでは誰が悲しむ？　お父さん、お母さんだよね」と話すと、年長児はちゃんと理解します。

●園児への法話

みんなはもう幼稚園の４つのお約束は覚えましたか？　今日はちゃんと元気な声でご挨拶できましたか？　お寺の本堂に上がってくるときに靴はそろえてきま

したか？　先生のお話を静かに聞けていますか？

4つのお約束は、覚えるだけではいけません。そして、先生に言われてからやるのでもいけません。4つのことについて、しっかり自分でできるようになってください。

この約束はみんながよい子になるために、どこにいても守らないといけないことです。ですから、おうちに帰っても、お友だちの家に遊びに行くときにも、いつでもどこでも守るようにしてください。

しっかりとどこでも守れるようになったら、年少さんにも教えるようにしてください。年少さんは、まだ4つのお約束がわかりません。みんなはお兄さんお姉さんになったのですから、やさしく教えてあげてください。

そのときには、口で言うだけではなく、自分でやってお手本を見せてください。口では言っても、自分がそのお約束を守れていなかったら、年少さんはその守れていない子の真似をしてしまいます。お兄さんお姉さんとして、4つの約束をいつも守って、誰とでも仲よくしてくださいね。

6月

生き物をかわいがろう

ねらい

自分のいのちを大切にすることと同じように、ほかのすべての生き物のいのちを大切にすることを学ぼう。支えられて生かされていることを知ろう。

年少 ≫ 生き物に興味を持つ。

年中・年長 ≫ やさしい気持ちを持つ。

●解説

「生き物をかわいがろう」という目標に、私は4つのストーリーをつくっており、毎週1話ずつ話していきます。

1回目は導入で、「みんなは生き物かな?」と問いかけます。なかには「動物が生き物で、人間は生き物じゃない」と言う子もいます。そんなときには、「からだが動くでしょ。それは、いのちがあるからだよね」と説明します。

生き物をかわいがることを理解するには、自分たち人間も生き物だとわかっていなければいけません。「誰かを叩いたとき、悲しい気持ちになるのは、その叩かれた子だけかな？　おうちに帰って、今日は何々ちゃんにぶたれたって話したら、それを聞いた家族のみんなも悲しくなるよね。ひとりの子に悲しい思いをさせると、多くの人を悲しませるんだよ」と伝え、まずは、人間に焦点を当てます。

2回目は、動物の話です。鳥、犬、猫、カエル、テントウムシなどの生き物にも親がいて、人間と同じであること。だからやさしくしてほしいと伝えます。

3回目は、お花やサツマイモなどの植物を題材にします。6月はちょうどサツマイモを植える時期ですが、サツマイモが生き物だと幼稚園児はなかなか理解してくれません。けれども、難しくても伝えなければいけないのです。「植物は人間や動物と何が違うのか？」と問いかけ、雨が降らなければ水分がとれないと伝え、「園庭の植物も水をほしがっているかどうか、やさしい気持ちでいつも見ていてね」とお願いして、やさしい心が育まれていくことを期待しています。

最終回は「サツマイモはひとりで生きていけないけれど、みんなは人間だからひとりで生きていける?」と話を振り出しに戻します。すると、「あ、生きていけないや」とみんな気づきます。

保護者がいなければ、ごはんを食べることも幼稚園に来ることもできないことに気づかせ、「だから、ごはんを用意してくれたらちゃんといただきますと言い、いつもありがとうの気持ちを忘れないでください」と伝えます。

この最終話は、参観日の「家族坐禅会」で親御さんにも聞いてもらいます。「今日は参観日だからお父さんお母さんが来てくれているけど、いつもの坐禅の時間は、お父さんお母さんは何をしている?」と聞くと、「仕事をしている」と言います。「お父さんお母さんが頑張ってお仕事をしないとみんなは生きていけないし、みんなに元気に育ってもらいたいって思っているから、お父さんお母さんは一生懸命頑張っているんだよ」とも毎回話します。

　すると親御さんは「言ってくれて本当にうれしかった。自分から『あなた、私がいなくなったら生きていけないでしょう』とは言えないので」と喜ばれます。

●園児への法話

　みんなは生き物ですか？　人間は生き物だね。

　では、「生き物をかわいがろう」というのは、どういうことかわかりますか？

　それは、いつもやさしい気持ちを持って誰とでも仲よくしよう、ということです。

　お友だちを叩いたり、いじめたり、悪口を言ったりするのはよいことですか？　よくないことです。そういうことをされると、悲しくて、つらくなるよね。そのときに悲しくなるのは、そのいじめられた子だけかな？　実は、その子のお父さん、お母さん、お祖父ちゃん、お祖母ちゃん、おうちの人もその話を聞くと悲しくなってしまいます。だから、ひとりの子を悲しませると、多くの人を悲しませることになります。そういうことがないように、誰とでも仲よくしてくださいね。

では、鳥さんや、犬さん、猫さんは生き物かな？　生き物だね。カエルさんやテントウムシさんはどうかな？　そうだね。生き物だね。犬さんやカエルさんを叩いたりいじめたりしたらどうかな？　ダメだよね。

人間も動物も虫も同じ生き物です。動物にも虫にも、お父さんお母さんがいます。だから、そういう動物や虫にもやさしくしてください。みんな、人間だけではなく、動物も虫も同じ「いのち」を持っているということはもうわかりましたね。どんな生き物にもやさしくしてください。

では、園庭に植えたお花は生き物ですか？　畑に植えたサツマイモは生き物ですか？　これも生き物です。でも、お花やサツマイモは人間や動物と違って、自分の力で食べ物を採ってきたり飲み物を探したりすることはできません。

お花やサツマイモは、水を飲んで成長します。雨が降ったら水が飲めるけど、もしずっと雨が降らなかったらどうなっちゃうだろう？　のどがカラカラになって枯れちゃいます。そんなときには、人間がお水をやらないといけません。お花やサツマイモは、みんながやさしい気持ちでお水をやれば、すくすく大きく育ちます。朝、先生がお花に水をやっているのを知っていますか？　お花は自分で水を飲みに行けないので、のどが渇かないようにお水をやっているのです。先生が水をやっている姿を見たら、手伝ってください。お花が「雨が降らなくてのどが乾いた」と言ってそうだったら、みんなでお水をやってください。お花にも、サツマイモにも、やさしい気持ちを持ってください。

さて、植物はひとりでは生きていけないということはわかったと思うけど、人間はどうかな？　もし、みんながおうちにいて、おなかが減ったらどうする？　もし、誰もごはんをつくってくれなかったらどうする？

人間もひとりでは生きていけません。誰かに助けてもらえないと生きていけません。だから、みんなは誰からも助けてもらえるように、いつでも、どこでも、誰とでもやさしい気持ちを持って仲よくしてください。

7月

誰にでも親切にしよう

ねらい

他人に親切にすることは、巡り巡って自分に戻ってくる。どんなときでも、親切な心が社会を明るくすることを知ろう。

年少 ≫ お友だちにやさしくする。

年中 ≫ 困っているお友だちを助ける。

年長 ≫ 小さい子の面倒をみる。

●解説

7月は、夏休み前ということを意識して話します。

まず親切とは何かを知ってもらうために、「親切というのは、困らないように助けてあげること」だと話します。いつもご両親から親切にしてもらっていることを認識させたうえで、幼稚園にはお父さんお母さんはいないから、困った子がいたら自分が親切にしないといけない、という話を2週に分けて伝えます。

そして、いつも親切にしてくれるお父さんお母さんと、夏休みは長い時間一緒にいるのだから、今度は自分から親切にしましょうと伝えます。「夏休みには、1日に1回、何かの手伝いをしましょう」と約束してもらってから、夏休みに入ります。

仏教用語の「布施」とは、本来は人が喜ぶことをして差し上げるという意味であり、法要のときにお坊さんに支払う謝礼のことではありません。人が喜ぶことに役立つことが自分の喜びです。その気持ちを大切にしなさいという意味で、お釈迦様はお彼岸の6つの実践である「六波羅蜜《ろくはらみつ》」という教えのひとつ目に、「布施」を挙げています。

●園児への法話

みんなは、おうちで親切にされていますか？　みんなはお父さんお母さんから、親切にしてもらっていますね。

　みんなはひとりでは生きていけません。お母さん、お父さん、おうちの人、お友だちに助けてもらって生きています。ごはんをつくってくれたり、洗濯をしてくれたり、幼稚園に送ってくれたり、なんでお父さんお母さんはみんなに親切にしているのかな？　それは、みんなが困らないように助けるためです。それにはやさしい気持ちを持っていないとできません。


　でも、幼稚園に来ると、お父さんお母さんはいません。みんなは困ったらどうしますか？　先生やお友だちに言うと思います。

　でも、先生やお友だちに言う勇気がなくて泣いちゃう子もいるかもしれません。そんなときには、みんなならどうしますか？　泣いている子に「どうしたの？大丈夫？」と聞いてあげて、先生に伝えてください。

　つまり、おうちのやさしいお父さんやお母さんみたいに、幼稚園では、みんながやさしい気持ちを持って誰にでも親切にしないといけません。「誰にでも親切にしよう」ということは「いつもやさしい気持ちを持って、困っている人がいたら助けてあげて、誰とでも仲よくしよう」ということです。いま言ったことを守って、これからも誰とでも仲よくしてください。

もうすぐ夏休みです。夏休みになったら、みんなどこに行きますか？

お約束は幼稚園だけで守るものではありません。どこに行っても、守らないといけないものです。おじいちゃんおばあちゃんの家に行っても、旅行先でもそうです。困っている人を見つけたら、お父さんやお母さん、近くにいる大人に言ってください。

お母さんやお父さんとおうちにいることも多いでしょう。そこで、先生からお願いがあります。おうちにいるときには、毎日、何かひとつお手伝いをしてください。いつもお母さんに親切にしてもらっているので、今度はみんながお母さんに親切にしてあげてください。そのときは、いつも親切にしてくれてありがとうという気持ちも忘れないでください。

8月

みんなの役に立つ人になろう

ねらい

自分でできることを他人にしてもらっては、自分のためにならない。自分に与えられた仕事でなくても、自分でできることは進んでしよう。

年少・年中・年長 ≫ お手伝いをする。

●解説

8月は夏休みですが、1週間の通常保育と登園日を合わせると、法話の機会が2回ほどあります。園児にとっては、夏休みが2回あり、その前後に坐禅があるという感覚かもしれません。

その2回の法話では、お手伝いの話をします。7月に「毎日、何かひとつお手伝いをしてください」と話し、8月に「ありがとう」の大切さを伝えるという流れです。「ちゃんとお手伝いができましたか？　お手伝いをしたら、親御さんからなんと言われましたか？　『ありがとう』と言ってもらえてうれしかったでしょう」と話し、「ありがとうはお互いを結びつける魔法の言葉。みんなの役に立つ人とは、ありがとうと言ってもらえる人」だと伝えます。

大本山永平寺を開かれた道元禅師が示された、曹洞宗では有名な言葉に「他《た》は是《こ》れ吾《われ》にあらず（自分でできることを他人にしてもらうのは自分のためにならない）」というのがあります。

また、人のためにすることは自分のためにもなるという意味の「利他《りた》」という言葉は、一般にもよく聞くようになりました。他者のためにすることが自分のためになるということを園児にも理解してもらい、お互いを尊重し合ってすべてがみんなのためになるという認識を持ってもらいたいと思います。

●園児への法話

夏休みに入る最後の坐禅の時間に、先生はみんなに宿題を出しました。覚えて

います か？　夏休み中は1日にひとつお手伝いをしてくださいと言いました。

何かお手伝いしましたか？　いろんなお手伝いをしたと思います。お手伝いをしたら、お父さんお母さんはみんなになんて言った？　たぶん「ありがとう」と言ったと思います。ありがとうと言ってもらえたとき、とてもうれしかったでしょう。ありがとうという言葉は、お互いを結びつける魔法の言葉なんです。

先生は、いつもみんなに「ありがとう」という言葉をよく使ってね、と言っています。みんなは「ありがとう」とたくさん言えるようになったけど、お友だちやおうちの人から「ありがとう」と言ってもらえているかな？

ここでみんなに考えてもらいたいのは、どうしたら「ありがとう」と言ってもらえるかということ。それは、みんなが「ありがとう」と言うときの気持ちを思い出してみればわかります。

困っているときにお友だちに助けてもらったら「ありがとう」という気持ちになります。寂しいときに誘ってくれて一緒に遊んでくれたら「ありがとう」という気持ちになります。だったら、困っているお友だちを見つけたら助けてあげたり、寂しそうなお友だちを見つけたら一緒に遊ぼうと誘えたりするといいよね。そうすれば、「ありがとう」と言ってもらえるよね。

「みんなの役に立つ人になろう」というのは、「ありがとう」と言ってもらえる人になろうということです。そのためには、みんながやさしい気持ちを持って、誰にでも親切にして、仲よくすることです。

来週からまた夏休みになります。お父さんお母さんと一緒にいる時間がたくさんあります。そこで、先生からまた約束してもらいたいことがあります。

前の夏休みは、1日に1回お手伝いをすることを約束してもらいましたが、来週からの夏休みでは、お父さんとお母さんから1日に1回「ありがとう」と言ってもらえるように、何かをしてあげてください。毎日、お父さんから1回、お母さんから1回、ありがとうと言ってもらえるように過ごしてください。夏休みでも、幼稚園の目標「みんなの役に立つ人になろう」を忘れないように、家族で仲よく過ごしてください。

9月

ありがとうの気持ちで暮らそう

ねらい

自分ひとりでは何もできない。それと同時に、自然の恵みがなければ生きていくことはできない。慎ましい心で接する思いやりの心を育もう。

年少≫「ありがとう」「ごめんなさい」が素直に言える。

年中・年長≫お友だちに親切にする。

●解説

「報恩感謝」という教育理念を園児に伝えるのはなかなか難しいことです。簡単に言えば「ありがとうの気持ちで暮らそう」ということになるでしょう。これを伝えるために、食の観点から「いただきます」「ごちそうさま」の意味を話したり、ご両親に感謝の気持ちを忘れないように話したりしています。

ありがとうという気持ちを、相手に伝えることも大切です。恩に報いる気持ちで、ご両親にしっかり伝えなければ、本来の感謝にはなりません。感謝をきちんと伝えることで、ご両親からもっと好きになってもらえるとも話します。

●園児への法話

幼稚園では「ありがとう」とみんな言えてるけど、家でも言えてるかな？　幼稚園でも家でも、「ありがとう」と言ってもらえてるかな？

先週、お弁当の日がありました。「ありがとう」と言ってお母さんにお弁当箱を返せた子はいますか？　お母さんはみんなに元気になってもらいたくて一生懸命お弁当をつくってくれています。「ありがとう」と言ってお弁当箱を返したら、お母さんはうれしくなって、みんなのことをもっと好きになってくれます。だから、いつも「ありがとう」と言ってお弁当箱を返してください。

ごはんを食べる前には「いただきます」と言うよね。これは「お米やお野菜やお肉は、もとは生き物だったけれども、その生き物のいのちを食べさせていただきます。その生き物のいのちを私のいのちに換えさせていただきます」ということ。「いただきます」と言うときに、手はどうしている？　合掌しているよね。それは、感謝の気持ち、つまり、「ありがとう」の気持ちを表しています。

では、誰に「ありがとう」と伝えているかな？

おうちでは、お父さんやお母さんがいなかったら、ごはんを食べることができません。幼稚園の給食なら、給食センターのおじさんやおばさん、材料をつくってくれた農家のおじさんやおばさん、できた給食を幼稚園に届けてくれた運転手さん、そういう人たちがいなかったら、みんなは給食を食べることはできません。だから、その人たちに対する感謝の気持ちを合掌で表しています。

そんな給食を残すところを、関わった人が見たらどう思う？　悲しい気持ちになるよね。だから、給食はなるべく残さないように食べてください。もし、どうしても食べられなかったら、「ごちそうさま」をするときにちゃんと合掌して「残してごめんなさい」と思うようにしてください。

ランドセルは誰に買ってもらった？　誰がつくったのかな？　そういう人たちがいなかったら、みんなはランドセルを使うことができません。だから「つくってくれてありがとう」「買ってくれてありがとう」の気持ちを持って、大切にしてください。

そんなランドセルを乱暴に扱ったらどうだろう？　つくってくれた人、買ってくれた人は悲しいよね。だから、そういう人を悲しませないように、ランドセルも生き物と同じように大切に使ってください。

夏休み、旅行行ったかな？　ひとりで行った子はいる？　みんな、お父さんお母さんが連れて行ってくれたから楽しむことができました。「連れて行ってくれてありがとう」と言いましたか？　みんなはひとりでは旅行に行けないのだから、お父さんお母さんのおかげということを忘れないでください。

幼稚園に来るときには、きれいな服を着ています。お父さんお母さんがいないと洗濯ができないので、きれいな服は着られません。

お母さん、お父さん、ありがとうの気持ちを忘れずに毎日を過ごしてください。

10月

人の身になって助け合おう

ねらい

ひとりでできないこともふたりならできる。ふたりでできないことも大勢ならできる。みんなで助け合うことで、安心して毎日を過ごすことができることを学ぼう。

年少 ≫ 遊具を譲り合って仲よく使う。

年中・年長 ≫ 遊びのルールを守って仲よくする。

●解説

曹洞宗の大切な言葉に「同事《どうじ》」があります。同事とは、その人の身になって、その人と同じ気持ちになって、同じ目線で共有しましょうという意味です。道元禅師が著した正法眼蔵《しょうぼうげんぞう》の「菩提薩埵四摂法《ぼだいさったししょうぼう》」の巻にも、「布施」「利行《りぎょう》」「愛語」「同事」の4つをしっかりおこないなさいと書かれています。

子どもに「人の身になって助け合おう」という話は、遊びのルールを通して伝えています。困っている子がいたら、「どうしたの？」と声をかける。何ができるかはわからなくても、同じ気持ちになるというのは「同事」と言えるでしょう。声をかけられた子は、「僕はひとりじゃない」と思えるのです。

●園児への法話

この10月で、入園や進級から半年がたちました。

みんなは幼稚園でいろんなことを覚えたと思います。そこで今日は、みんなに確認したいことがあります。それは、お外での遊びのルールです。幼稚園の三輪車は誰のものですか？　みんなのものです。三輪車は仲間っこで乗っていますか？

三輪車は誰のもの？　スコップは誰のもの？　みんなのものだよね。だから、遊びたいからといってずっと独り占めしていい？　ダメだよね。自分が三輪車で遊んでいて、もし、遊びたそうなお友だちがいたらどうする？「順番で遊ぼうね」

と言って仲間っこで遊んでください。お友だちの気持ちを考えて、幼稚園のものを譲り合ってやさしい気持ちで仲よく遊ぶことが、人の身になって助け合おうということです。この約束を守って、みんなで仲よく遊んでください。

もしも困っているお友だちがいたらどうする？　泣いているお友だちがいたら？　ひとりぼっちで寂しそうにしているお友だちがいたら？　人の身になって助け合おう、というのは、人を喜ばせてあげよう、ということです。

幼稚園ではお友だちと助け合うことができるけど、おうちではできていますか？　おうちでお父さんお母さんに喜んでもらうにはどんなことをしたらいいかな？　それはお手伝いをすることです。ごちそうさまをしたらお皿とお箸は洗うところに持っていきましょう。自分でできることは、自分でするようにしましょう。

いままでは年長のお兄さんお姉さんが、年少さん年中さんに譲ってくれました。

だからみんなは三輪車に乗れたり、ホッピングで遊べたりしました。でも、そのときの年長さんはどんな気持ちだったかな？　本当はずっと遊んでいたいのに、我慢していたこともあるだろうね。三輪車に乗れない子が寂しくならないように、譲ってくれていたんだね。これが人の身になって助け合う、ということです。

みんなもいまの学年になってから半年もたちました。年少さん年中さんのみんなも、年長さんのお兄さんお姉さんのように、自分ばかりではなくほかのお友だちの気持ちも考えられるようになってください。

あと半年たつと、年少さんは年中さんに、年中さんは年長さんに進級します。年中さんは、新しく入ってくるお友だちのお兄さんお姉さんになります。年中さんは、いちばん上のお兄さんお姉さんになります。みんなが小さい組さんのお手本にならないといけなくなります。そのためには、しっかりと遊びのルールを知らないといけません。今日からでも遅くないので、遊具を譲り合って誰とでも仲よくしてくださいね。

11月

どこまでもやり抜こう

ねらい

はじめたことを途中であきらめては、どんなことも実らない。最後まで粘り強くやりとげることを習慣にしよう。

年少 ≫ 目の前のことを頑張る。

年中・年長 ≫ 自分で決めたことを最後までやり抜く。

●解説

「どこまでもやり抜こう」というメッセージは、パワーリフティングをやり抜いた経験を通して、私がよくお話しすることです。

仏教には「精進《しょうじん》」という言葉があります。精進は「努力」と同じ意味ですが、仏教においては「いのちの無常感」から来る努力のことだと私は考えています。

いのちはいつか必ず尽き、人間は死んでしまいます。だからこそ、いまこうして生きている時間に感謝して精一杯生きようという考えです。

何かをなしとげるには、いまを精一杯、一生懸命に生きることしか方法はありません。


幼稚園の法話では、たとえば運動会のあとなら「運動会みんな上手にできたよね」と導入し、「でも、最初から運動会の発表、上手にできた子いる？　できなかったよね。でも、みんなあきらめずにたくさん練習をして、最後までやったから、あんなに上手にできたんだよ」と伝えます。

そして、「何回も失敗したと思うけど、失敗するのはカッコ悪いことじゃなくて、そこであきらめちゃうことがカッコ悪いことだったんだよ。一生懸命最後までやったから、あんなカッコいい姿になったんだよ」と話します。

本気でやって失敗するのはカッコ悪くない。失敗とは、あきらめたり本気でやらないことで、いちばんカッコ悪いのはチャレンジしないことだと伝えるのです。

ところで、私は「失敗を恐れずにチャレンジしよう」という表現に違和感を覚えます。

「失敗を恐れるな」と言われても、人間ですから恐れます。けれども失敗を恐れたり緊張したりするのは、自分が「成功するかもしれない」という期待を持っているからです。自分に期待していることの証なのですから、失敗を恐れるのは悪いことではないと私は思うのです。

私もまた、自分に期待してトレーニングに励み、競技に挑みます。成功すると思っている自分がいるから、失敗を恐れている。そんな自分も大切にしようと思えるようになってから、私は失敗を恐れることがなくなりました。

失敗を恐れるのは「成功したい」というポジティブな気持ちの裏返しです。失敗に目を向けずに成功のほうを意識することは、仏教の考え方そのものだと考えています。

「人生は苦しみである」が仏教のスタートです。その苦しい世の中を「どう幸せに生きられるのか」と幸せに生きる側面に焦点を当てたのが仏教です。

小学生や中学生にその話をすると、「それでもやっぱり恐い。失敗するのは嫌だ」と言う子もいます。そんなときには「結果じゃないよ、プロセスが大切だよ」と伝えます。「一生懸命やりきった先にはすごい達成感があって、やりきった自分を好きになれるでしょ」と言うのです。これは私が文献や資料ではなく、唯一自分で体感してわかった格言です。

●園児への法話

年長さんがマーチングバンドフェスティバルでとても上手に演奏できました。これは毎日一生懸命に練習したからです。途中で嫌になってさぼったりせず、毎日練習を続けたから上手にできました。

「どこまでもやり抜こう」というのは、最後まで一生懸命に頑張るということです。

頑張って練習できたら、失敗したっていいんです。失敗するのはカッコ悪いことではありません。失敗してあきらめてしまうことがカッコ悪いんです。いちばんカッコ悪いのは、失敗が怖くて何もチャレンジしないこと。失敗しても次は頑張るぞと思って、一生懸命練習してください。

先生も最初は何回も失敗して、何回も負けたけれども、そこであきらめずに一生懸命やってチャレンジを続けたからメダルをとれました。

毎日練習することが大事だと言ったけど、「やらされている」と思ってイヤイヤ練習していたのでは上手になりません。「上手になろう」と思って一生懸命に頑張らないと、上手になりません。

みんなはよい子だから、どんなことでも最後まであきらめず頑張ることができます。鼓笛だけではなく、英語、体操なども全部そうです。どんなことでも「上手になろう」と思って頑張ってください。

最後まで頑張って上手にできたら、みんな、うれしいよね。でも、うれしいのは自分だけかな？　フェスティバルで上手にできたとき、お父さんやお母さんはどうだったか覚えてる？　みんなが上手にできたことを喜んでいたよね。

最後まで頑張って上手にできたら、自分だけでなくお父さんやお母さん、おうちのみんなもうれしくなります。みんな、お父さんやお母さんが喜んでくれて、ほめてくれたらうれしいよね。

それだけではありません。お父さんお母さんは、上手にできたみんなの成長した姿を見てうれしくなって、もっとみんなのことが好きになります。いつもやさしくて親切なお父さんお母さんが、もっとやさしくなります。

そうすれば、みんなももっとお父さんお母さんのことが好きになると思います。おうちの人にもっともっと好きになってもらえるように、どんなことでも上手になれるように、最後まで頑張ってください。

12月

お釈迦様の教えを守って頑張ろう

ねらい

仏教の教えを知り、それに近づくように努力することによって、毎日の生活が充実する。目標は遠くても、じっくり取り組もう。

年少≫お釈迦様の教えを知る。

年中・年長≫お釈迦様の教えをもとに毎日を過ごす。

●解説

お釈迦様の3つの教えを幼稚園児にもわかるように言うと、「ありがとうの気持ちを忘れない」「お友だちを大切にする」「最後まであきらめずにやり抜く」であると私は考えます。

この「お釈迦様の教え」を私は卒園式でお話しするのですが、前もって年末にも話しておきます。卒園式ではずっと立ちっぱなしで、緊張もしているので、何も耳に入ってこないと思うからです。大切なことだからこそ、静かな気持ちでいられる坐禅のときに一度話しておくわけです。

「忍辱《にんにく》」という言葉があります。忍辱もまた「六波羅蜜」のひとつで、「我慢する」という意味です。いろいろな文献があり、いろいろなとらえ方があるのですが、私は次のように理解しています。

自分の意見が正しいと思って議論すれば、自分と異なる意見に対しては「それは違う」と思いがちです。そうではなく、自分は自分として正しい意見を言っているけれども、相手も相手として正しい意見を言っているという気持ちで、相手の考えを受け止めるというのが忍辱です。

自分が正しいという先入観があるから、相手は間違っていると思い込み、ケンカになるのです。相手もその意見を正しいと思って言っているのですから、憎しみなどが芽生える前に相手を受け入れて、尊重し合おうというのが忍辱だと思います。

たとえば片づけをしない園児がいて、「そんなことダメでしょ」とほかの子が注意すると、「次の子が遊ぶからそのままでもいいじゃん」と言い返す。注意した子は「次の子がおるかもしれんけど、ちゃんと片づけようって決まっているじゃん」と重ねて言う。どちらの言い分にも、本人なりの正当性があるわけです。注意する子は正しいと思いますが、片づけない子に怒るのではなく、その子の意見も聞いて、その気持ちを尊重してほしいと思います。

ですから私は、「みんなも怒られるとイヤでしょう。初めからその子が悪いって決めつけてはいけません。その子もその子の思いがあってそうしたんだから、しっかりお話を聞いてあげるようにしましょう」と言うのです。判断がつかなければ、先生に聞いて、一緒に話し合おうとも伝えます。それが忍辱の考え方であり、本当の思いやりだと思います。

●園児への法話

みんなはなんで生きているのかな？　それは「いのち」があるからだね。その「いのち」は誰からもらった？　お父さんとお母さんだね。お父さんとお母さんがいなかったら、みんなはこの世に生まれていないんだよ。不思議だね。

いま、みんなはその「いのち」があるからこうして毎日楽しく幼稚園に来ているけど、なんで来られるかわかる？　それはお母さんが毎日ごはんをつくってくれたり、洗濯をしてくれたり、お父さんお母さんがみんなのために一生懸命に働いてくれるからだよ。

だからみんなはお父さんお母さんに、「ありがとう」と感謝の気持ちを伝えないといけないよね。

「ありがとう」の気持ちを伝えるには、口で言うだけではなく、ほかにどんな方法があるかな？　それはみんながカッコいいところ、成長した姿を、お父さんお母さんに見せて喜んでもらうことだよ。それができたら、お父さんお母さんはみんなのことをもっと好きになってくれるよ。だからどんなことでも頑張ろうね。

なんで、お父さんやお母さんはそんなにみんなのために一生懸命頑張れるのかな？　それはみんなのことがいちばんの宝物だからだよ。みんなが生まれたときは「生まれてくれてありがとう」といちばんの幸せを感じたんだ。

だから、お誕生日にはお父さんやお母さんから「おめでとう」と言われると思うけど、それを言われたらちゃんと「お父さん、お母さん、産んでくれてありがとう」と伝えてください。「いつも僕のため私のために一生懸命に頑張ってくれてありがとう。このありがとうの気持ちのお返しができるように毎日、一生懸命頑張るからね。いつまでも応援してね」と伝えてください。

そうすれば、家族のみんなはもっとみんなのことを好きになってくれて、毎日がとっても楽しくなります。

みんな、朝ごはん食べてきましたか？　そのとき、「お母さん、ごはんつくってくれてありがとう」の気持ちと「お父さん、僕のために一生懸命働いてくれてありがとう」の気持ちを込めて、「いただきます」を言ってください。「ごちそうさま」のときも同じです。

でも、ありがとうの気持ちを込めて言ったとき、もしもごはんが残っていたら、お母さんはどう思うかな？　悲しくなるよね。だから、悲しい思いをさせないように、なんでも残さずに食べるようにしてください。

「ありがとう」と言うだけではなく「ありがとう」と言ってもらえるように頑張ってください。お手伝いをしたり、幼稚園でできるようになったことを、おうちに帰って家族のみんなに見せてあげてください。そうすると、お父さんお母さんはもっとみんなのことを好きになってくれます。


お釈迦様の教えは3つです。

「ありがとうの気持ちを忘れない」

「お友だちを大切にする」

「最後まであきらめずにやり抜く」

これを忘れないでください。

1月

いつもニコニコ、よい言葉を使おう

ねらい

寒いとき、つらいとき、悲しいときは誰にだってある。元気よく挨拶をして外で元気に遊ぶと、自然に笑顔になる。どんなときでも明るい笑顔と思いやりのある言葉を忘れずにみんなと仲よくしよう。

年少・年中・年長 ≫ 元気よく挨拶をする。外で元気に遊ぶ。

●解説

仏教には「和顔愛語《わげんあいご》」という有名な言葉があります。「挨拶」という言葉ももともとは仏教用語で、人としっかり対面して「私はここにいます。あなたもそちらにいます」ということを認め合う、思いやりの行為です。やさしい笑顔と慈しみの言葉をやりとりすると、お互いが心温まる関係になります。

和顔愛語とは、人と顔を合わせて人が喜ぶ言葉をお互いに伝え合いましょうという意味なのです。

園児には「自分がニコニコすると、お友だちもニコニコするよ。その笑顔を自分が見ると、自分もうれしくなるよ。笑顔がお友だちをつくる方法だよ」と伝えます。

ニコニコしたあと、元気よく挨拶するという話につなげます。「みんなが元気なご挨拶をすると、先生たちもとても気持ちがよくなるんだ」「元気にご挨拶すると、自分でも気持ちいいでしょ」「ご挨拶は、まわりの人たちを元気にするんだよ」と話すと、その日には園児たちの挨拶の声が大きくなります。

私は「よい言葉は、元気になってもらえる言葉」だと繰り返し強調します。家でも、朝起きたら「おはようございます」、幼稚園に行くときに「行ってきます」、寝るときに「おやすみなさい」と、笑顔で大きな声で挨拶できたらいいですね。

ただし、「つらいときにも我慢してニコニコしよう」とは言いません。「つらいときにはちゃんと人に相談しよう。いつもまわりの人を大切にしていれば、つらいときは大切にしてもらえるよ」と伝えます。

●園児への法話

この前、どんど焼きがありました。おもちを食べたけど、お弁当も食べたと思います。あの日、おうちに帰って、お母さんに「お弁当をつくってくれてありがとう」と言えた子はいますか？　ニコニコ笑顔で「ありがとう」と言われたら、言われた人はとてもうれしくなって元気になります。ニコニコ笑顔でよい言葉を使うと、お父さんお母さん、先生たちはもっとみんなのことが好きになります。

だから、幼稚園でもおうちでもどこへ行ってもニコニコ笑顔で、よい言葉を使ってください。よい言葉とは、まわりのお友だちを元気にする言葉のことです。

今日は幼稚園に来て元気よくご挨拶できましたか？　なんで、いつも先生が「元気よくご挨拶をしてください」って言うかわかる？　それは、元気にご挨拶をされたお友だちは、言ったお友だちから元気をもらえるからです。

もし、寂しそうな子がいたらどうする？　一緒に遊ぼうって言って元気にさせてあげてください。泣いている子がいたら、「どうしたの、大丈夫？　先生呼んでこようか？」と言って安心させてあげてください。

お母さんが洗濯や掃除で忙しそうだったらどんな言葉をかけますか？「お手伝いするね」「いつも洗濯や掃除をありがとう」と言えたら元気になってもらえるね。お父さんがお仕事で疲れて帰ってきたらどんな言葉をかけますか？「いつもお仕事ありがとう」と言えたら元気になってもらえるね。元気なお父さんお母さんのほうが、みんな、いいよね。なので、おうちでもよい言葉を使ってみんなを元気にしてあげてください。


もう3学期です。あと3ヵ月すると年少さんは年中さんに、年中さんは年長さんになり、年長さんは小学校に行きます。

新しく入ってくる年少さんは、よい言葉というのがわかりません。みんなは年少さんに元気よくご挨拶をして、よい言葉を使ってお手本を見せてください。年長さんが小学校に行って誰とでも仲よくする方法は、誰とでも元気よくご挨拶をすることです。

2月

けじめのある、落ちついた暮らしをしよう

ねらい

お友だちのことを考えず、自分の思いのままに行動するとどうなるのかを考える。自分だけではなく、相手のことも考えて行動しよう。

年少・年中・年長 ≫ 先生の話を聞いて、けじめのある生活をする。

●解説

仏教に「禅定《ぜんじょう》」という言葉があります。禅定もまた「六波羅蜜」のひとつで、まさに曹洞宗の修行の考え方そのものでもあります。

曹洞宗の修行では、毎日毎日を丁寧に生きることによって、自ずと心が調《ととの》っていくと考えます。悟ろうと思って修行するのではなくて、毎日をただただ丁寧に規則正しく、行動を調えることによって自ずと心も調うということです。

「けじめ」という言葉を月の目標に掲げていますが、これは先生の話を静かに聞く時間も大切だから、自分が話したい気持ちを抑えて、ちゃんと話を聞いてくださいということです。先生はみんなのことを思って話をしているのだから、落ちついて聞いていれば、大切なことがわかってくるよと伝えます。

幼稚園という集団生活では、話を聞く時間、元気に遊ぶ時間、座ってごはんを食べる時間が決まっています。きちんとメリハリをつけて、お話を聞く時間にはお話を聞く習慣をつけてほしいと思っています。

あかつき幼稚園には、「元気よくご挨拶をすること」「先生のお話を静かに聞くこと」「履物をそろえること」「あと片づけをすること」という「4つのお約束」があります。私は、「片づけをしていると心がスッキリするよね」「玄関の履物をそろえると、ほかの人が脱ぎやすいし、自分も気持ちいいよね」と話しています。

この4つをしっかり守ることで自分自身の「行動」を調えれば、自ずと「心」も調うということにつなげるのです。幼稚園で決められたことをしっかりおこなうことで、けじめをつけた生活、つまり心が調う生活ができるのです。

たとえば、履物をそろえると自分もほかの人も気持ちがいい。そういうことを毎日毎日、当たり前のようにやることが、仏教的には修行でもあるわけです。「脚下照顧《きゃっかしょうこ》」という有名な仏教用語がありますが、まさに「履物をそろえると心がそろう」という意味です。この言葉を額で掲げている禅道場の玄関も少なくありません。「脚下照顧」という言葉は、未来を見てどんどん突き進むだけでなく、たまには自分を顧みて足元を見ることも大切ですよ、という説き方をされることもあります。ご家庭でも、靴をそろえるとか、おもちゃを片づけるなどの行動がとれれば、自然に心も落ちついてくるはずです。

ただし、親御さん自身が実行していることが前提です。「おうちでも履物をそろえていますか?」と聞くと、「パパそろえてない」と言う子がいるのですが、それでは説得力がありません。子どもは、なぜ履物をそろえないといけないのかがわからなければやらないし、親御さんがやっていなくてもやりません。逆に言くのです。

えば、親御さんが履物をそろえるだけで、子どもも落ちついた暮らしになってい

「おもちゃを片づけなさい」と言うだけではなく、なぜ片づけないといけないのかを伝えてください。「心が調う」という表現が難しければ、「気持ちがよくなる」でもいいでしょう。片づけていると、自分も気持ちいいし、次の人が使いやすいから、お父さんもお母さんも家族みんなが気持ちよくなる、ということです。

「片づけるだけで気持ちよくなるってすごく簡単じゃない？　それだけで、みんな、あなたのことをもっと好きになってくれるよ」と話してください。

●園児への法話

もう3学期ということもあり、みんなはよいこととよくないことが自分でわかるようになりました。よいことをすればほめられます。よくないことをしたら叱られちゃいます。誰かに叱られると悲しい気持ちになります。叱ったほうも気持ちよくないです。

叱られたり悲しんだりしてばかりいると、落ちついた暮らしはできません。先生たちはいつもやさしいと思うけど、意地悪をしている子や、あと片づけをしていない子を見つけたら叱らないといけません。お友だちとケンカしたり、先生に怒られたりしたら、悲しい気持ちになって、その日一日どんよりとした気持ちで過ごさないといけなくなります。

お友だちとケンカしたり、先生に叱られたりしないためにはどうしたらいいかな？　それはいつも幼稚園の４つのお約束を守りながらお友だちと仲よくすることです。お約束を守らなかったら、先生に注意されてしょぼんとしてしまいます。

みんなが幼稚園に来たら、先生が「おはよう」と言ってくれます。もしみんなが「おはよう」と返してくれなかったら、先生は寂しくなります。あと片づけができていなかったり、スリッパがそろってなかったりしたら、先生はみんなに注意しないといけません。もし、先生がお話をしているときに、みんながしゃべっていたら、大事なことが伝わらなくて先生は叱らないといけません。

「落ちついた暮らしをしよう」とは、「いつもやさしい気持ちを持ってお友だちや先生と仲よくしよう。叱られないように、悲しませないように暮らそう」ということです。

やさしい気持ちをいつも持っていたら、お友だちとケンカしたり、泣かせたりすることはありません。先生に叱られるのは、よくないことをしたときです。幼稚園の4つのお約束を守れなかったときです。

悲しいときって、どんなときですか？　悪口を言われたり、叩かれたり、仲間はずれにされたりしたら悲しいよね。悲しい思いをした子は、おうちに帰ったらお父さんお母さんに「今日、○○君にいじめられた。悲しかったよ」と言います。お父さんお母さんはその話を聞いてどう思うかな？　ふたりとも悲しむよね。

ひとりの子を悲しませるとその子だけではなく、その子のまわりの人みんなを悲しませるということです。それがいけないことだということはわかりますか？

だからみんなは、まずは幼稚園のお約束を守れているか自分を見直してください。そうすれば、先生にも叱られることなく、みんな仲よくできます。いいですか？

3月

よい悪いを考える人になろう

ねらい

4月からの新しい環境に向けて、希望を持ち、よく学び、よく遊び、楽しい思い出をたくさんつくろう。

年少 ≫ 年中になるという自覚を持つ。

年中 ≫ 年長になるという自覚、思いやりの気持ちを持つ。

年長 ≫ 小学校生活に期待を持つ。

●解説

4月になれば年長児は小学校に行き、年少・年中児は進級するので、3月には進級・進学する自覚を促します。よいこととよくないことがわかるようになったかどうか、自分で顧みる時間を持たせます。よいこととよくないことが自分でわかるようになり、お兄さんお姉さんらしく、お手本になれるようにと伝えます。

幼稚園の約束を守っていない子が、「この約束を守らないといけないよ」と新入園児に言っても、言うことを聞いてくれません。「あと片づけしてね」と言っている子があと片づけをしていなかったら、小さい子から見てもカッコ悪いはずです。ですから、よい悪いを考える人になろう、よいお手本になろうと伝えます。

卒園する子どももいます。新しい生活に向かう自信と意欲を高め、将来への希望を持たせます。そして園生活を振り返り、お世話になった人々や、すべてのものに感謝する気持ちを抱いてもらいます。

●園児への法話

ご挨拶、お片づけ、スリッパをそろえる、廊下を走らない、先生のお話を静かに聞く、お外で元気よく遊ぶ。こういうのはよいことですね。みんなは幼稚園で毎週坐禅をしているから、よいこととよくないことが自分でわかるようになってきました。

来月になれば、年少さんは年中さんに、年中さんは年長さんに、年長さんは卒園して小学生になります。年少さんと年中さんは、新しい年少さんのお友だちが増えて、今度はお兄さんお姉さんになります。幼稚園のお約束を守れない子は、新しいお友だちからカッコ悪く見えちゃいます。カッコいいお兄さんお姉さんになれるように、お約束をしっかり守ってみんなと仲よくしてください。

年長さんは小学校に行って、新しいお友だちといっぱい出会います。幼稚園のお約束は、小学校に行っても守らないといけないお約束です。このお約束を守れば、みんないいお友だちがいっぱいできると思います。みんなはよい子なので、どこへ行ってもこのお約束を守れると思います。あと1ヵ月しかないけど、これからもお約束をしっかり守ってみんな仲よくしてください。

みんなはこの1年間、幼稚園に通ってとてもよい子になりました。幼稚園に通えたのは、お母さんがお弁当をつくってくれたり、お洗濯をしてくれたり、お父さんが送ってくれたりしたからです。なので、お父さんお母さんには「いつもありがとう」と伝えあげてください。いいですか？

＊＊＊

幼稚園での法話を、時系列で紹介しました。

「園児への法話」のところは一度に話しているわけではなく、実際には1週ずつ、何回かに分けて話すこともあります。

同じような話が多いと思われたかもしれませんが、何度も言って聞かせることが子どもには必要です。それが少しずつ子どもたちの心に刻まれていくのです。

なお、「○○をすれば、みんなのことを好きになってくれるよ」という表現に、違和感を覚えた読者がいるかもしれません。ギブアンドテイクのようで、仏教の教えとは違う、と思われたかもしれません。けれども、それは子どもにわかってもらうために、園児向けの法話に限ってあえてしていることをご理解ください。

子育てワンポイントアドバイス

誰かと比べるのをやめる

お子さんを、幼稚園のお友だち、あるいはご家庭の兄弟姉妹など、誰かと比べないでください。

「○○ちゃんはしっかりしてるのに」「お兄ちゃんはできたのに」などと比較すると、多くの子どもは「愛されていない」と感じます。

気になるところがあったとしても、「最終的にはあなたを信じてるよ」「いつでも味方だよ」というメッセージを伝えてください。それは子どもの気持ちがつらいときの、大切な逃げ場にもなります。そういう逃げ場を残しておいてやらなければ、自分だけで苦しさを抱え込んでしまうことになります。ですから、「いつでも相談してね」と伝えておくことが、最も大切だと思うのです。

叱らなければならないときでも、誰かを引き合いに出し、比べながら叱ることは避けるほうがいいでしょう。

仏教の観点で言えば、「その子はそのままでいい」という考え方になります。親御さんが「この子はこの子のままでいい」と受け入れれば、その親御さんは悩まなくなるかもしれません。

もしも、お子さんが何かに頑張っていれば、たとえ結果は出ていなくても、この子は幸せなんだと思ってください。そうすれば、できがよいとか悪いとかということに意識はいかないのではないでしょうか。

ただし、「何に対しても興味がない」とか、「頑張るものが何もない」というお子さんには、大人が何か興味を持たせるように考えるほうがいいと思います。「頑張れる」ものが何もないのは、子どもにとってつらいことだと思うからです。

何かに関心・興味を持って、それを頑張れば、親御さんもその姿をありのままに受け止めることができ、誰かと比べる必要はなくなります。

第 4 章

「坐禅」「鼓笛」「食育」で仏の心を伝える

あかつき幼稚園の教育には、3本の柱があります。それは、

・坐禅
・鼓笛
・食育

です。

ひとつ目の坐禅は、「思いやりの心」を育てます。第3章の「こども法話12ヵ月」は週に1回の坐禅の時間に言って聞かせることです。坐禅と法話を通して、幼稚園のお友だちに対しても、ご家庭でも、人に配慮したり感謝したりする思いやりの心が育っていることと思います。

ふたつ目の柱である鼓笛は、「やり抜く心」を育てます。

3つ目の柱である食育は、「ありがとうの心」を育てます。

本章では幼稚園での3本柱の実践を紹介します。そして、ご一緒にご家庭での教育のヒントを考えていきます。

第1の柱「坐禅」▼思いやりの心を育てる

幼稚園で親子一緒に「坐禅」をする日

週に1回している園児向けの坐禅のほかに、6月の「父の日」に合わせて、年に1回は「家族坐禅会」を開いています。かつては、父の日だからと「お父さんの役割」について話していましたが、いまはその日にはお母さんなども含めた「カッコいい大人」について話しています。

「子どもは親の背中を見て育つ」と言われるように、子どもたちは「うちのお父さんってカッコいいんだよ」「お母さんってすごいんだよ」と目を輝かせながら話すものです。

家族坐禅会では、「皆さんが本当にカッコいい大人を演じれば、子どもはそれに憧れて、お父さんってすごいなと思います。ですから、皆さんもいまできることを一生懸命に頑張ってください。ただそれだけで、子どもには伝わります」と伝えています。

具体的なことをあれこれ教える以上に、一生懸命ひた向きに毎日を生きている姿を見せることが、何にもまさる教育だと私は考えています。ですから、「実は、いつも子どもから見られていますよ。靴をそろえていますか？　いただきますと言っていますか？　ひじをついて食べていませんね」などと話します。

家族坐禅会では、それぞれの子どものすぐ後ろにそれぞれの保護者が坐るので、親御さんたちは我が子の背中を眼前に見ながら坐禅をすることになります。子どもたちは頑張っている背中を見せて、「お父さん、お母さん。坐禅ってこうやってやるんだよ」ということを口ではなく教えてくれています。

「皆さんは、その背中を見て『大きくなったな』と思っていらっしゃるでしょうが、実は皆さんも背中を見られています」とお話しします。子どもたちにも、親子坐禅会の前に「今度はみんながお父さんお母さんの先生になるから、ちゃんとカッコよく坐禅するようにしてね」と言っておきます。

参加した親御さんたちは、我が子が「20分も坐っていられるんだ」と驚いたり、「家でも坐禅をしてみたい」と言ってくれたりします。

父の日にちなんで「お父さんありがとう」と手づくりのお守りを渡すのですが、それもうれしく思ってくれるようです。

曹洞宗の坐禅は目的を問わない

「なぜ坐禅をするのですか?」と尋ねられることがとても多いのですが、曹洞宗の坐禅というのは「ただ坐る」だけです。「坐禅をしたら○○になる」ということはありません。

道元禅師の『正法眼蔵《しょうぼうげんぞう》』は世界でいちばん難しいとも言われる本ですが、そこには「ただ坐禅をする。そこには何もない。坐禅をしたからといって悟るということもない。ただ向き合う。呼吸を調える。姿勢を調える。そうすると自ずと心が調う」ということが示されています。

とはいえ、やってみれば効果は実感できます。

まず、子どもであっても、静かにしないといけないときには静かにできるようになります。座って静かにする姿勢を持続させることもできるようになります。

「姿勢がいい子は脳が発達する」という医学的な根拠もあります。脳は10歳ぐらいまで大きく発達しますが、そのなかでも最も発達する時期は3歳から5歳だそうです。幼児期に坐禅に取り組むことで姿勢がよくなれば、自ずと脳の発達も促されるでしょう。

よい姿勢というのは、勉強にしろ何にしろ、取り組むにあたって最も大切なことです。勉強をするときにも、机の前に座って姿勢をよくすれば、自ずと身が入るのではないでしょうか。

もうひとつ、人の話を聞けるようになります。

私は坐禅に加えて、そのあとの法話も大切にしています。年少・年中児にはただ話を聞かせるだけの場合も多いですが、年長児とは対話もします。言葉のキャッチボールを大切にすることで、人の話をきちんと聞く姿勢を育てています。

ご家庭で坐禅をするなら

坐禅にはこのような効果があると私は考えるので、ご家庭でも、親子でやってみてはいかがでしょうか。

その場合に大切なのは、習慣にすることです。「何曜日の何時におこなう」と決めて続ければ、子どももそれを覚えます。

私は園児には、「家で坐禅をするときには、坐禅のときの覚道先生のお話を思い出して、お父さんお母さんに伝えてね」と言っています。

1週間に1回、子どもとお母さん、または子どもとお父さんが一緒にできる形がいいでしょう。時間は短くてかまいませんが、5分はやりましょう。最初にゆっくり深く鼻から息を吸って口から息を吐きます。坐禅中は自分の呼吸に心を傾けるのが原則です。

曹洞宗には「調身、調息、調心」という、姿勢を調えて呼吸を調えることによって、自ずと心が調っていくという道元禅師の教えがあります。

もっとも、そうすることでどうなるかは考える必要がないというのが曹洞宗なのですが、親子で坐禅をする意味はとても大きいと思います。

猫背にならず姿勢がよくなること、人の話をきちんと聞けること、心を落ちつけられることなど、坐禅によって現代っ子が苦手なことをたくさんできるようになるでしょう。

ちなみに、寺では1年に1回、関市内にあるほかの曹洞宗の寺院と協力して、小学生のための「禅の集い」を催しています。100人ぐらいの小学生が参加して、坐禅をしたり、法話を聞いたり、精進料理を食べたりするのですが、これも好評を博しています。

第2の柱「鼓笛」▼やり抜く心を育てる

幼稚園では珍しいマーチングバンド

年少から楽器を演奏し、年中から鼓笛隊（マーチングバンド）を組んでいます。マーチングバンドに力を入れている幼稚園は少ないのですが、あかつき幼稚園では開園して2年後ぐらいにはじめました。

使っている楽器は昔からほとんど変わりません。小さな子ども用に特化したマーチングドラム、キーボード、シンバルなどで、『関市民のうた』や『宇宙戦艦ヤマト』など、いろいろな曲を演奏します。

すべての学年が一緒にやるのではなく、学年ごとに異なる曲を演奏します。年少のときには音楽に親しむ演奏だけですが、年中になるとパートに分かれての演奏となり、年長になれば動きも入ってきます。

年長のクラスはマーチングバンドの集大成として、名古屋のジュニアマーチングバンドフェスティバルや地元のお祭りのパレード、イベントのオープニングなどに出演します。以前、天皇陛下（現、上皇陛下）が来られたときにも声がかかり、陛下の御前で演奏したことがありました。こうした特別な機会で演奏することもありますので、そのプレッシャーを感じながら指導する先生たちに、私は頭が上がりません。

マーチングバンドをすることには、音感やリズム感覚が身につく効果もありますが、何よりも曲を演奏するためにみんなと力を合わせて頑張り、助け合うことが目的です。これによって、「最後までやり抜く心」が育まれるのです。

楽器の演奏が最初からうまくできる子はいません。まったくできないといっていいでしょう。はじめから「おもしろい」と思ってくれる子もいますが、「なんでこんな苦しい、つらい思いしないといけないんだ」と思う子もたくさんいます。けれども、一人ひとりがそれぞれに与えられたパートを最後までやり抜くことによって、ハーモニーが生まれ、マーチができることを子どもたちは体感します。

そして、苦しい思いをしながらも最後までやり抜いたことで、「マーチングバンドをやり抜いた」という達成感を味わうことができるのです。

園児、先生、みんなの力が結集して

子どもたちが最後までやり抜ける背景には、担当の先生が毎日子どもたちに向き合って、「あなたたちならできるって信じてるよ」と応援し続けたということもあります。

実際のところ、先生のほうが必死で、「逃げ出したい、もうやめたい」という気持ちも正直あると思います。その気持ちに打ち勝って、最後までやり抜いたという経験は、担任の先生の自信になっています。園児だけではなく、幼稚園の先生たちもそうした経験をしているわけです。

園児にとっても、「先生が信じてくれたから、自分もやり抜けた」という経験ができ、「人を信じる」という心も養われます。

毎年4月に練習をはじめ、7月には七夕に合わせた音楽発表会があり、10月には名古屋で開かれるマーチングバンドフェスティバルと運動会があるので、特に年長のクラスが披露する機会は何度もあります。

マーチングバンドを見た親御さんは皆、涙します。練習期間にも「家で鼓笛のリズムを披露してくれます」「家でも練習しています」と保護者から聞くことがあります。我が子が一生懸命にやっている姿を見て、感動するわけです。それと同時に、この子がこんなに頑張っているのに、私はどうなんだろうと自分を省みる親御さんもいるでしょう。

できたときの喜びを味わうまでには、何度も失敗もして、つらい苦しい思いをします。それでも、それ以上のものを経験できるのです。先生たちも号泣します。

子どもたちがマーチングバンドをやり抜く達成感と、自分自身がパワーリフティングでやりきった達成感はリンクしています。練習のつらさを思い出すことも多いかもしれませんが、やり抜くことができた自信は人生の軸になります。

私も壁にぶつかったときに「自分なら乗り越えられるんじゃないか」と思える

のは、アジア一になったあの日の自分が、いまの自分にたくさんの勇気をくれるからです。

子どもたちは、遠い名古屋にまで行って、大勢の観客がいる大きな発表会で見事に演奏してきます。そこでやり抜いたんだという経験は、今後の人生で何かを踏み出す勇気のあと押しになるのではないかと期待しています。

家庭でも育てたい「やり抜く心」

ご家庭でマーチングバンドを組むわけにはいかないかもしれませんが、「やり抜く心」を育てることはできます。

子どもというのは、興味を持ったことをやりはじめても、難しくてできないからとすぐにやめる場合が多いのです。そんなときには、親御さんが「あれ？　やめちゃうの？」と声をかけてください。「なんでやめちゃうの？」とやめてしまう理由を聞いてみてください。

もしも「難しいから、つまんない」という答えが返ってきたら、「じゃあちょっと、お父さんお母さんと一緒にやってみようか」と言ってもいいでしょう。大事なのは、子どもがやりはじめたことをすぐにあきらめたときに、親御さんが少しサポートをする、あるいは「ここまで上手になったじゃない」とプロセスをほめるなど、「すぐにやめる」という選択肢をなくすことです。

結果が大事なのではありません。子どもが何度失敗しても、親御さんがお子さんとしっかり向き合い、チャレンジをサポートすること、同じ方向を見て、寄り添っていくことが大事なのです。

子どもと目標を共有し、力を合わせてやり抜くことができれば、子どもは「自分はやり抜いた」という達成感を持つことができます。

また、子どもにずっと寄り添ってきた親のほうも、子どもがやり抜いたという喜びとともに、自分自身も「この子を応援しきれた」という達成感を持てるはずです。

親子で「やり抜く心」「たくましい心」を育めるのではないでしょうか。

第3の柱「食育」▼ありがとうの心を育てる

サツマイモは苗から育てる

幼稚園には畑があり、園児がいろいろな作物を育てています。イチゴ、キュウリ、トウモロコシなど、年やクラスによって育てる野菜は違います。

たとえば、秋になれば多くの幼稚園で「芋掘り」を体験させますが、あかつき幼稚園のサツマイモは園児が6月に苗を植え、園児が育てたものです。つまり、収穫だけではなく、苗の段階から関わるのです。

「こうやってサツマイモの赤ちゃんを植えて、太陽の栄養と土の栄養と水の栄養をいっぱいもらって育てるんだよ」と言いながら、一緒に植えます。

苗を植えたばかりの頃は、毎日、水を与えないと根づきません。少しずつ育っていく過程を見ると「生き物なんだな」ということがわかり、サツマイモを育てるのにこんなに苦労が必要なのだということも実感できます。

収穫の喜びも、芋掘りだけでは「大きいの、とれた」という一過性の体験に終わりますが、「自分が育てたサツマイモを収穫した」という喜びは、大きな経験として残ります。

収穫したあとは、料理して、みんなでおいしく食べます。

以前は、サツマイモを幼稚園で蒸して、一緒に食べる分と、家に持って帰る分に分けていたのですが、２０２０年のコロナ禍においては「収穫したお芋をお父さんお母さんと一緒に調理しましょう」という方針に変え、調理人にライブ配信での指導をお願いして、家族で大学芋をつくるようになりました。

植え、育て、収穫し、それを「いただく」という、すべてのプロセスを園児が体験する。それがひとつの「食育」となります。

それを身体で感じるだけでなく、言葉としてもわかってもらうために、坐禅のときにも、その話をします。

親子で一緒の「鮨《すし》育《いく》」で学ぶ

「食育」は一般的にも知られるようになった言葉ですが、あかつき幼稚園では2017年から、「鮨育」という食育教室をはじめました。

子どもに「サツマイモは生き物なんだよ」と教えても、どこか伝わりません。「野菜」は「野菜」であって、生き物だとはなかなか思ってくれないのです。

実際に動いている生き物のいのちが尽きる姿を見せない限り、「いのちをいただく」ということは実感できないのかもしれない……。そんな疑問が次第に湧いてきました。

そんなとき、行政のビジネスサポートセンターを通じて面白い板前さんに出会いました。「回転寿司にしか行かない人が増えたけれど、本当の鮨職人が握るお寿司のおいしさを味わってほしい」と熱心に言うのです。実は、その板前さんがあちこちの保育園・幼稚園に提案したところ、どこからも「そんな危険なことはできない」「衛生面が不安だ」などと断られたそうです。

「お寿司を味わう」だけでは幼稚園の教育にはなりませんが、「生き物をいただく」という仏教理念と合わせれば「いただきます・ごちそうさま」の意味も伝えられます。そこで「生きている魚をさばいてはどうか」という提案を私がして、コラボレーションが実現したのです。

ブタを飼育して食べることで食育としている小学校がありますが、幼稚園でブタはなかなか難しい。でも、魚ならば幼稚園でもできるはずです。

生きている魚を目の前でさばいて、いのちをいただく体感をすることは、「食育」ならぬ「鮨育」です。「鮨育」というネーミングは、ビジネスサポートセンターによるものです。

この鮨育を、年長児の食育の参観日で、いつも最後にやっています。

初めての鮨育は、すでに死んでいる50センチぐらいのマグロでした。売り物のマグロを1体さばいたわけですが、すでに息絶えている魚ですから、「いのちをいただきます」ということはなかなか伝わらないかもしれません。

そこで、2回目からは生きている段階からやることになりました。まずは生きた鯛で、次は生きたエビでやりました。

いのちが尽きる瞬間から学ぶこと

お寿司屋さんから生きた魚が発泡スチロールの箱に入って運ばれてきます。園児は魚が泳いでいる姿、そしてそれを板前さんがさばく姿を見ます。

魚をさばくのですから、当然、血が出ます。「キャー」と言う子もいます。やはり「かわいそう」と言う子も多いのです。そこで、「かわいそうだけれども、これを食べているんだよ」「みんな、食べないの?」「最後までおいしく食べようね」と伝えます。

包丁を入れてしばらくすると、生きて動いていた魚も動かなくなります。子どもたちは、いのちが尽きる瞬間を目にすることになります。

そのあと、酢飯を「ころころ丸めましょう」と自分たちで握り、一緒にお寿司

をいただくのです。

園児に酢飯を握らせ「お寿司って、つくるの難しいよね」「こうした板前さんのご苦労があるんだよ」「板前さんの、いかに魚をおいしくいただいてもらいたいかという気持ちがわかる？」「だから、残さずに食べましょう」と話します。

これは「五観《ごかん》の偈《げ》」という曹洞宗の食前のお唱えのひとつにあります。

この食事は、田植えしてくれた人、お米を収穫してくれた人、ごはんを炊いてくれた人、牛を肉にしてくれた人、それを焼いてくれた人、いろいろな人が関わって、そうした人たちのご苦労があって用意されたということを、園児にもわかるように、説明しながら伝えます。

参観日におこなうので、親子で食べるわけですが、親御さんからは「こんな経験はまずできないので、本当にありがたかったです」「これで子どももたちもごはんを残さないようになると思います」「ごはんを大切に食べようという意識が芽生えました」など、かなり評価されています。

子育てワンポイントアドバイス

叱るときにこそ伝えたいこと

叱られている子どもには、「なぜ叱られているのか」をわからせることが必要です。

ですから、まずは「何がいけなかったのか」を具体的に伝えてください。全然言うことをきかないからといって、ただ叱っても反発するだけです。なぜそんな悪いことをしてしまったのかを、まずは聞かなければいけません。

悪い言動が「かまってほしい」という気持ちの裏返しのときもあります。あえて叱られるような言動をして、興味を引こうとする子もいます。

それに気づいたら、お子さん自身に興味を持って接すること。そして、悪いことを「悪い」と子どもに気づかせることです。

親として「あなたがしたことで私は悲しんでいる」と伝えることは有効です。

ただし、「あなたのせいでイライラしている」とは言わないほうがいいでしょう。「寂しい」とか「悲しい」などの言葉のほうが、子どもには伝わります。「悲しませちゃってごめんね」という気持ちが子どもには必ずありますので、その気持ちに訴えることです。

「お父さんは、ほんとに悲しいよ」「お母さんは寂しいよ」と話すことで、「自分が悪いことをした」と感じている子どもにもやさしく伝わると思います。

認定心理士の立場から言わせていただくと、心理学的には6秒間我慢すれば、一時的にカッとなった怒りは消滅するそうです。ですので、カッとなったときには、深呼吸して6秒間待ってみてください。

なお、親ができていないことを子どもにさせることはできません。親自身の立ち居振る舞いを振り返ることも必要です。

第 5 章

「ありがとうの心」
「思いやりの心」
「やり抜く心」を
育てる

ここまでに何度か触れてきましたが、仏教には「報恩感謝」という言葉があります。「報恩感謝」はあかつき幼稚園の教育理念であり、私が最も大切にしている言葉であり、私が子どもたちに最も伝えたいことでもあります。

私がこの言葉に本当の意味で出会ったのは、修行時代でした。「自分は恩に報いきれてない」と修行道場でつくづく感じたのです。そのとき、報恩感謝という言葉は、まさに「あるべき生き方」のすべてだと思いました。

報恩感謝という言葉を、私は「いのちの無常」と深く結びつけて考えています。この章では、本書のまとめとして、「報恩感謝」や「いのちの無常」などの概念について述べることにします。

仏教は「いのちの無常」について深く考える教え

僧侶として、私がお通夜のときにいつも話すことがあります。

お釈迦様が開いた悟りとはなんでしょうか。それは、「いのちの無常」を受け入れて、そのいのちをなんとか生かしきるという考え方です。

いのちは無常だからこそ、与えられたいのちに感謝して、その恩に報いながら生きることこそ、人としてのあるべき生き方であると、お釈迦様は悟られたのです。

仏教とは、あるべき生き方の前提である「いのちの無常」について深く考える教えであり、それを踏まえて「報恩感謝を実践する教え」だと私は考えています。

「いのちの無常」という言葉には、次の3つの意味があります。

・いのちはご先祖様からいただいたもの
・いのちはひとりでは生かすことができないもの
・いのちは必ず尽きるもの

これらの「いのちの無常」と、「人生は苦しみ」だということを、お釈迦様は初めから受け入れておられました。そこから仏教ができていくわけです。

では、先に挙げた3つの無常を、ひとつずつ見ていきましょう。

ひとつ目は、自分の意思で生まれてきた人はいないということです。

自分のいのちは親からいただいたもの、ひいてはご先祖様が脈々とつなげてくださったなかでいただいたものです。その流れのなかで、私たちはこの世に生を受けたのです。

そのいのちで生かされているのですから、両親へ、ご先祖様へ感謝し、その恩に報いる生き方をしなければならないのです。

ふたつ目は、人間はひとりでは生きていくことができないということです。

誰かに、また、いろいろな人に支えられていないと、誰も生きてはいけません。

いのちをひとりで生かすことはできないからこそ、支えてくれるまわりの方々の恩に気づき、感謝をして、その恩に報いる生き方をしなければならないのです。

3つ目は、こうして与えられたいのちも、必ずいつかは尽きるということです。人間は誰でも必ず死んでいきます。いのちは必ず尽きるからこそ、いまを生きられることに感謝して、一生懸命に生きなければならないのです。

「報恩感謝」の本当の意味

このようにとらえることができれば、いのちを与えられ、生かされていることは本当にありがたいと、私たちは感謝することができます。

けれども、与えられたいのちに心の中で感謝するだけでは、その思いを誰にも伝えることはできません。与えられたいのちに感謝して、その恩に報いる行動に移さなければならないのです。

つまり「恩返し」です。恩返しなくして、感謝は成り立たないと私は思います。こうして生かされていることに対して、私たちは一生恩に報いる生き方をしていかなければなりません。

では、どんな恩の報い方があるのでしょうか。恩への報い方は、たくさんあります。

まず、両親からいただいたいのちに感謝して、両親の恩に報いるには、両親にその感謝の気持ちを伝えることです。

両親に喜んでもらえる生き方、そしてご先祖様に安心してもらえる生き方をして、「両親の喜びが自分の喜びだ」と思える温かい心を持てば、自ずと「自分は支えられている」という喜びを感じることができ、それこそが「幸せ」だと気づくこともできるでしょう。

そして、まわりの人に支えられて私たちのいのちは生かされているのですから、その人たちにも、しっかり感謝を伝えていく生き方をすることです。

支えてくれるまわりの人に喜んでもらえる生き方をして、「まわりの人の喜びが自分の喜びだ」と思える温かい心を持てば、自ずと「自分は支えられている」という喜びを感じることができ、それこそが「幸せ」だと気づくこともできるでしょう。

さらに、私たちのいのちは必ず尽きるので、こうして生きていること自体がいかにありがたいかを自覚しながら生きることです。

生かされているこの時間を大切に思い、いまを一生懸命に生きていくことが、すべての恩に報いる生き方であり、私の仏教のとらえ方でもあります。

「いのちを使わせていただく」ことに喜びを感じることができれば、それこそが「幸せ」だと気づくこともできるでしょう。

いのちの3つのとらえ方から、「感謝」をして、「恩に報いる」生き方こそ、人間としてのあるべき生き方であると私は考えています。

だからこそ、「報恩感謝」を幼稚園の教育理念として掲げ、自分自身の人生の座右の銘にもしているわけです。私は僧侶として、園長として、この「報恩感謝」を伝えるべく精進しているつもりです。

恩に報いる生き方で、子どもは自分をもっと好きになる

一般的な法話では、この3つを伝えれば終わります。ところが、これだけでは園児には、なかなか伝わらないのです。

ひとつ目について「お父さんお母さんからいのちをもらったのだから、お父さんお母さんに感謝をして生きていこうね」と言うと、「感謝をして生きていくと、どんないいことがあるの？」という「見返り」を子どもは期待してしまうのです。

「見返りを求める心がいちばんよくない」という禅の教えもあるので、本来は望ましいことではないのですが、私は子どもたちに話すとき、そこに触れないとどうしても伝わらないことを実感しています。子どもたちはどうしても「お父さん、お母さんに感謝の気持ちを伝えるとどうなるのか」が気になるのです。

ですから、私は「お父さんとお母さん、ご先祖様に感謝をすれば、お父さんお母さん、それからご先祖様との絆が深くなるよ。お父さんもお母さんも、みんなのことをもっと好きになってくれるよ」と話すのです。

ふたつ目については、「まわりでみんなを支えてくれている人たちに感謝の気持ちを伝えると、支えてくれるまわりの人との信頼が厚くなるよ。そうすれば、まわりの人はみんなのことをもっと好きになってくれるよ」と伝えています。

そして3つ目の、いまを一生懸命に生きるとどうなるかということは、「いまを一生懸命に生きて、自分が決めたことを自分を信じてやりきれば、自分を誇れるようになるよ。自分のことを、もっと好きになれるよ」と伝えています。

この3つ目については、以前は自分の言葉では伝えられませんでした。でもいま、自信を持って言えるのは、やはりパワーリフティングの経験、そしてダライ・ラマ法王招聘の経験があったからです。

子どもが仏教の本質まで理解するのは難しいと思いますが、何度も聞かされることで、その子の魂の中に入り込んでいくのではないでしょうか。特に「最後まで頑張ろう」という心は、しっかり育まれていると思っています。

ご両親からは「『お父さん、お母さん、ありがとう』とよく言ってくれるようになりました」という声をよく聞きます。坐禅のときに、いつも「みんながこうして幼稚園に来られるのは、お父さんお母さんがいまこの時間も一生懸命に仕事を頑張ってくれているからだよ」と伝えていることが生きているのだと思います。

ですから、ご家庭でも、「(パートナーが)毎晩、帰りが遅くて嫌になる」などと愚痴るのではなく、「遅くまで頑張っている」と評価する表現をして、親への感謝の心を育てていただければと思います。

人の気持ちに寄り添える人に

もうひとつ、「同事」という言葉があります。

3章でも紹介しましたが、その人の身になって、その人と同じ気持ちになって、同じ目線で共有しましょうということです。人が困っていたら、そのトラブルに巻き込まれたくないなどと考えず、ただただ寄り添ってくださいという意味の言葉です。

昔は「ただ寄り添うだけでいいのだろうか」と疑問に思っていたのですが、つらいときは寄り添うだけでも十分だということを、個人的な経験を通して実感しました。

少し前のことですが、妻が体調を崩して療養していたことがありました。そのときに、ある友人が「嫁さん調子悪いんやってな、聞いとるよ。何もできんけど心配で来たわ」と言って、訪ねて来てくれたのです。「心配してくれているんだ、ほんとにありがとな」という気持ちが自然にあふれてきて、これが「同事」なのかと思いました。

すべての人が幸せに暮らせる世の中の共通の真理は「自分を大切にするように、目の前の人を大切にする」ことです。

それが同事であり、それを行動に移すには、報恩感謝を忘れないことが何よりも大切だということです。

人間に生まれてよかった！ と思おう

最後に、「喜心《きしん》」という道元禅師の言葉を紹介します。

「喜心」とは、「何事も喜んで努める心」という意味です。仕事でも家事でも、「生きがいを感じて、喜んで取り組むこと」が大事だということでしょう。

ただし、この言葉の次には、「もし私たちが天上界に生まれたとしたら、楽しいことばかりに心を奪われ、修行ができない。幸いにも人間に生まれ、修行ができるのは、なんと素晴らしい巡り合わせだろうと喜ぶべきである」ということも示されています。

「天上界」とは、苦しみのない、なんでもかなう楽園のことです。私たちが考えがちな幸せとはこのような世界ですが、道元禅師は「そこに生まれなくてよかった」というのです。

私はこの教えを知ってハッとしました。

なぜなら、私は楽しいと思える仕事に喜びを感じ、やりがいを持って頑張ることが自分の生きがいだと思っていたからです。園児の成長を感じたり、檀家の方から感謝されたり、やっただけの結果がついてくることが楽しくて、そこに生きがいを感じていました。

けれども、そうではなく、失敗したら失敗したことから学ぶというように、いま、ここにいる自分に真正面から向き合い、そこから学び得ることすべてに喜びを感じることが生きがいなのです。これこそが道元禅師が示された「喜んで努める心」なのです。

つまり、本当の生きがいとは、人間として生まれ、いつでも失敗でき、そこから学ぶことができるこの世に生かされていることに感謝し、自分の成長に喜びを感じることなのです。

大切なのは、現実から目をそむけずに勇気ある一歩を踏み出し、その歩みを続けることです。

誰でも不安を抱え、失敗し、高い壁にぶつかります。しかし、それを人間として生まれた自分を成長させる貴重な機会として受け止めることができるのではないでしょうか。

人間だから修行をして成長し、喜びを感じ、それに感謝できるのです。こう考えると、いつでも勇気ある一歩を踏み出し、いろいろなことに挑戦していけるようになるはずです。

伝えたい「ありがとうの心」「思いやりの心」「やり抜く心」

最後に、私がいつも卒園式で話すことを、ここに紹介します。

これは12ヵ月の法話のまとめでもあり、3年間のまとめでもあり、これまでに記してきたことのまとめでもあります。卒園していく子どもたちに私が伝えることの言葉は、お父さんやお母さんにも心に刻んでいただきたいこと、お子さんに伝え続けてほしいことです。

年長組の皆さん、ご卒園おめでとうございます。

みんながいつも元気に幼稚園に来てくれて、どんどんよい子になっていくのを見ることができて、とてもうれしかったです。そんなみんなに、覚道先生から最後のお話があるので聞いてください。

みんなはこの幼稚園で、たくさんのことを学びました。そのなかでも、小学校に行っても、大人になっても、ずっと大切にしてもらいたいことをいまから3つ言います。

ひとつ目、「ありがとうの気持ち」を忘れないでください。

みんなが幼稚園に来ているときに、お父さんやお母さんはみんなのためにお仕事を頑張ってくれていました。これは小学校に行っても変わりません。

みんなが小学校に行ってもお父さんやお母さんはみんなのために頑張ってくれるので、「いつもありがとう」と伝えてください。そうすると、お父さんもお母さんも、みんなのことをもっと好きになってくれます。だから、「ありがとうの気持ち」を忘れないようにしてください。

ふたつ目、お友だちを大切にしてください。

幼稚園ではお友だちができて、毎日が楽しかったと思います。小学校に行ったら、新しいお友だちにたくさん出会います。

もしも寂しそうな子がいたら、「一緒に遊ぼう」と声をかけてあげてください。落ち込んでいる子がいたら「一緒に頑張ろう」と励ましてあげてください。

「思いやりの心」を持ってお友だちを大切にすると、そのお友だちはみんなのことをもっと好きになってくれます。だから、お友だちを大切にしてください。

3つ目、自分で決めたことは、最後までやり抜いてください。

みんなは幼稚園で、たくさんのことにチャレンジしました。鼓笛も初めは上手にできなかったけど、最後には上手にできるようになりました。

なんでできるようになったかというと、何度失敗しても最後まであきらめずにやり抜いたからです。

失敗することは、カッコ悪いことではありません。失敗してあきらめてしまうことがカッコ悪いことです。そして、いちばんカッコ悪いことは、何もチャレンジしないことです。

自分で決めたことをやり抜くと、自分に自信を持てて、自分のことをもっと好きになります。だから、自分で決めたことは最後までやり抜いてください。

ひとつ目の「ありがとうの気持ちを忘れない」、ふたつ目の「お友だちを大切にする」、3つ目の「自分でやると決めたことは最後までやり抜く」。この3つを大切にして、夢に向かって頑張れば、みんなは将来、カッコいい大人になることができます。

先生の夢は「世界一の力持ち」になることだけど、もうひとつ大切な夢があります。それは、今日、卒園するみんなが、将来の夢をかなえて、先生のところまで「夢をかなえたよ!」とまた会いに来てくれることです。

みんなの目指す夢は、応援している先生たちの夢でもあるし、何よりも、みんなのお父さんお母さん、家族みんなの夢です。だから、もし、迷うことがあっても、ひとりで迷わないでください。

みんなにはいつも応援してくれる人がすぐ近くにたくさんいます。だから、小学校に行っても、安心していろんなことにチャレンジして頑張ってください。いいですか?

ご家族の皆様、本日はお子様のご卒園、誠におめでとうございます。

入園してからの3年間、いま、お子様にお話ししたように、「ありがとうの心」「思いやりの心」「やり抜く心」、この3つの心を伝えてまいりました。当園としましては、この3つの心があれば、生かされていることに感謝をして、夢に向かって努力することができる、思いやりのあるたくましい人に成長してもらえるという思いがあったからです。

お子様は4月から小学生です。自分の考えを持ち、自分の足で歩こうとする時期にさしかかっています。どうか、このすくすくと伸びていく自立心の芽を大切に見守り、お子様を信じ、いちばん近くで応援し続けてください。

結びとなりますが、小学校に行っても親子そろってお元気で学校生活が送れますようにお祈り申し上げ、ご挨拶とさせていただきます。本日は誠におめでとうございました。3年間ありがとうございました。

おわりに

ここまでお読みくださり、ありがとうございました。

筆を置こうとするいま、ダライ・ラマ法王の講演で聞いた「ただひたすらに、聞・思・修せよ」という言葉を改めて思い出しています。

これからも、多くの皆様の声を「聞」き、いま、必要とされる僧侶像・園長像を「思」い、僧侶として仏教の魅力を発信すると同時に、次世代を担う子どもたちを育てていくことを「修」めていきたいと願っております。

多くの人に想いや活動が届くよう、近年は「覚道和尚の仏教的独り言」としてFacebookとInstagramをしています。あかつき幼稚園と龍泰寺でもFacebookとInstagramで発信していますので、よろしければのぞいてみてください。

本書が少しでも皆様の子育てのヒントになることを願って筆を置きますが、最後に、これまでずっと私を支え、応援し続けてくれた父である師匠、母、愛する妻と子どもたち、幼稚園の職員をはじめとする関係者の皆様、巣立っていった卒園児を含めた幼稚園児と保護者の皆様、仏教界の同志の皆様、そしてたった一度でも縁を得て私と関わってくださった方、すべての方々に感謝を申し上げます。
報恩感謝の思いが、皆様の胸にも届くことを心から願いつつ。

宮本覚道

2021年3月

「自分《じぶん》が好《す》きな子《こ》」になる子育《こそだ》て

2021年4月29日　初版第1刷

著　者――――――宮本覚道《みやもとかくどう》
発行者――――――松島一樹
発行所――――――現代書林
〒162-0053　東京都新宿区原町3-61　桂ビル
TEL／代表　03（3205）8384
振替00140-7-42905
http://www.gendaishorin.co.jp/

デザイン――――――岩永香穂（MOAI）
イラスト――――――高村あゆみ

印刷・製本　㈱シナノパブリッシングプレス
乱丁・落丁本はお取り替えいたします。

定価はカバーに
表示してあります。

本書の無断複写は著作権法上での例外を除き禁じられています。購入者以外の第三者による本書のいかなる電子複製も一切認められておりません。

ISBN978-4-7745-1892-3 C0037